ANN-KRISTIN GERDES

Reiskocher KOCHBUCH

Leckere und einfache Rezepte mit dem Reiskocher für jeden Geschmack und Anlass

WirmachenDruck.de
Sie sparen, wir drucken!

Email: info@edition-lunerion.de
www.edition-lunerion.de

Psiana eCom UG
Berumer Str. 44
26844 Jemgum

Vorwort

Reiskocher halten Sie für den Inbegriff des überflüssigen Küchentools, das die meiste Zeit nur in einer Ecke verstaubt? Da unterschätzen Sie das Gerät gewaltig! Denn neben Reis-Garen hat es noch eine ganze Menge mehr auf dem Kasten und was für überraschende, abwechslungsreiche und gesunde Leckereien Sie damit zaubern können, zeigt Ihnen dieses Kochbuch.

Köstlichen Reis auf den Punkt perfekt zu kochen, ist gar nicht so einfach: Verklumpt, zu trocken, klebrig, wässrig – selbst erfahrene Köche erleben hier manch böse Überraschung, doch mit dem Reiskocher löst sich dieses Problem in Luft auf. Darüber hinaus punktet der Küchenhelfer noch mit weiteren Vorteilen, denn auch Couscous, Hirse, Polenta & Co. gelingen im Reiskocher perfekt, und wer möchte, kann im Dämpfeinsatz sogar Gemüse, Fisch und Fleisch unnachahmlich schonend garen. Also nutzen Sie den Reiskocher ab sofort im Küchen-Alltag und lassen Sie sich mit diesen Rezepten überraschen, wie sehr Sie sich gesundes, einfaches und leckeres Kochen damit erleichtern können. Ob Vegetarier, Fleischfan, Fisch-Liebhaber oder Naschkatze, hier finden Sie eine große Auswahl an Schlemmer-Ideen für jeden Geschmack, die dank einfacher Schritt-für-Schritt-Anleitungen auch bei Anfängern im Handumdrehen auf dem Tisch stehen.

Guten Appetit!

INHALT

Wissenswertes

Ein Reiskocher ist mit raffinierter Technik ausgestattet, die Bedienung des Kochers ist aber tatsächlich kinderleicht. Das Gerät nimmt Ihnen viel Arbeit ab und egal, ob Sie einen digitalen Reiskocher oder ein Basismodell verwenden: Die Reiskocher sind so konzipiert, dass Sie sie auf jeden Fall verstehen. So ist für jedes Gericht der perfekt gegarte Reis schnell auf dem Teller!

Denn auch geübten Köchen kann es passieren, dass der Reis anbrennt oder zu weich wird. Ein guter Reiskocher kann Ihnen diese Patzer und den Ärger ersparen. Es gibt einige gute Gründe, die dafürsprechen, sich einen Reiskocher ins Haus zu holen:

1. Sie können in einem Reiskocher viel leichter Reis kochen als in einem Topf. Im Gerät kann kein Wasser überkochen, der Reis kann nicht verbrennen und wird gleichmäßig gar.
2. Der Reis bleibt warm, auch wenn Sie ihn nicht sofort nach dem Kochen verarbeiten. Sie können ihn auch wieder aufwärmen.
3. Mit einem Reiskocher können Sie Energie und damit Geld sparen. Das Gerät benötigt sehr viel weniger Strom als ein Topf auf dem Herd.
4. Die Reiskocher sind leicht zu reinigen. Die meisten Modelle haben einen inneren Topf, den Sie herausnehmen können, um ihn zu säubern. Außerdem sind die einzelnen Teile spülmaschinenfest.

5. Mit einem Reiskocher können Sie noch viel mehr Dinge kochen als nur Reis. Welche verschiedenen und leckeren Gerichte Sie mithilfe eines Reiskochers kreieren können, erfahren Sie auf den nächsten Seiten.
6. Einige Reiskocher-Modelle haben eine Dampffunktion. Mit solch einem Dampfgarer können Sie Fisch, Gemüse und Fleisch dämpfen, während darunter der Reis kocht.

Wie funktioniert ein Reiskocher?

Reiskocher funktionieren nach einem sehr einfachen und gleichzeitig unfehlbaren Prinzip. Sie geben den trockenen Reis mit einer bestimmten Menge kaltem Wasser in den Innentopf. Dann Deckel darauf und anschalten – jetzt erhitzt der Reiskocher das Wasser automatisch auf 100 Grad. Ist das Wasser verdampft und vom Reis vollends aufgenommen, steigt die Temperatur im Inneren auf über 100 Grad und der Reiskocher schaltet sich automatisch aus und hält den Reis nur noch warm.

So kann innerhalb des Reiskochers nichts anbrennen und Sie müssen den Prozess nicht weiter überwachen. Durch die Warmhalten-Funktion wird der Reis auch nicht pappig.

Was müssen Sie bei einem Reiskocher beachten?

Je nach Reissorte müssen Sie unterschiedlich viel Wasser in den Reiskocher füllen. Bei weißem Reis gilt zum Beispiel die Faustregel, dass eineinhalb Tassen Wasser auf eine Tasse Reis kommen. Bei Naturreis sollten Sie eine halbe Tasse Wasser mehr hinzugeben. Diese Faustregel stammt aus Japan. Eine Tasse Reis ist hier für eine Person berechnet. Sie bekommen deswegen zum Reiskocher auch einen passenden Messbecher hinzu, der der Menge Reis entspricht, die eine Person als „Beilagen-Portion“ verspeist. Um den Geschmack und die Textur des Reises zu verbessern, sollten Sie den Reis waschen. Dadurch wird überschüssige Stärke von den Körnern gelöst und der Reis wird später keine klebrige Masse. Natürlich können Sie auch Gewürze oder Butter mit in den Reiskocher geben.

Was können Sie noch im Reiskocher zubereiten?

Neben Reis können Sie zum Beispiel auch Hirse, Quinoa, Amaranth oder Couscous zubereiten. Wie auch beim Reis müssen Sie den Garprozess hierbei nicht überwachen. Auch eine Polenta können Sie im Reiskocher zubereiten – und das kinderleicht, denn das ständige Umrühren entfällt! Trotzdem bilden sich keine Klumpen und anbrennen kann der Maisgrieß auch nicht.

Auch mit dem Dampfeinsatz im Reiskocher können Sie vielseitige Gerichte zubereiten. Dieser Einsatz ist bei vielen Reiskochern Teil der Grundausstattung. Durch das Dämpfen bleiben Nährstoffe und Vitamine erhalten und das Gemüse wird nicht zu weich. Um diese Funktion zu nutzen, setzen Sie entweder den Dampfeinsatz kurz vor Ende der Garzeit des Reises auf den Reiskocher oder aber Sie füllen zwei Messbecher mit Wasser in den Reiskocher und nutzen so den Dampf, um Gemüse, Fisch oder Fleisch zu dämpfen.

Worauf sollten Sie beim Kauf achten?

Vor allem ist natürlich wichtig, wie viel Reis Sie zubereiten wollen. Leben Sie allein oder mit mehreren Leuten zusammen? Es gibt die Reiskocher in ganz verschiedenen Größen. Für zwei Personen reicht im Durchschnitt eine Füllmenge von einem Liter.

Auch die Warmhalten-Funktion ist etwas, worauf Sie nicht verzichten sollten. Diese wird bei den meisten Reiskochern automatisch nach der Kochzeit aktiviert. Genauso ist der Dämpfeinsatz häufig schon dabei.

DIE VERSCHIEDENEN ARTEN

Es gibt verschiedene Sorten von Reiskochern, die für jede Lebens- und Familiensituation passen.

Der Mikrowellen-Reiskocher

Ganz einfach in der Mikrowelle Reis kochen? Das geht und schmeckt auch noch richtig gut. Im Mikrowellen-Reiskocher sorgt ein speziell entwickeltes Dampf-Zirkulationssystem für einen schonend und gleichmäßig gegarten Reis. Schon nach elf Minuten ist der Reis servierfertig und die Zubereitung ist kinderleicht. Dafür geben Sie einfach Wasser und Reis in den Kocher und stellen ihn in die Mikrowelle. So haben Sie auch unterwegs immer frischen und leckeren Reis.

Der Basis-Reiskocher

Beim Basis-Reiskocher geht es nur um Kochen und Warmhalten. Es gibt einen Kippschalter, den Sie auf „Kochen“ stellen – den Rest macht das Gerät. Ist der Reis fertig, schaltet er in den Warmhalten-Modus. Diese Kocher verfügen häufig über den Dämpfeinsatz.

Der digitale Reiskocher

Diese Reiskocher haben ein Display mit ganz verschiedenen Modi. Diese Art des Kochers verfügt über Einstellungen für verschiedene Sorten von Reis oder anderen Getreidesorten. Außerdem können Sie die Kochzeit individuell einstellen oder sogar Kuchen backen und Pasta kochen.

ALLE REISSORTEN AUF EINEN BLICK

Es gibt weltweit unglaublich viele Reissorten – man kann sie kaum zählen. Die einzelnen Sorten Reis unterscheiden sich durch Geschmack, Konsistenz und ihre Größe. Dadurch sind die Zubereitungsmöglichkeiten vielfältig und riesig.

Die klassischen Reissorten

Basmatireis

Der Basmatireis ist ein Langkornreis und stammt aus dem Himalaja-Gebirge. In unserer Küche ist Basmati der absolute Klassiker. Ein „echter" Basmatireis muss aus dem Himalaja kommen, hat mindestens 6,6 Millimeter lange Körner und die Packung darf nur weniger als sieben Prozent an anderen Reissorten enthalten. Er schmeckt erdig und eignet sich perfekt für Dals, verschiedenste Reispfannen und Currygerichte.

Jasminreis

Der Jasminreis ist auch unter dem Namen „Duftreis" bekannt. Er gehört zu den Langkornreissorten und stammt aus dem nordöstlichen Thailand. Der Jasminreis ist eine der beliebtesten Reissorten der Welt und schmeckt recht blumig. Im Gegensatz zum Basmati hat der Jasminreis weiche und klebrige Körner. Er passt perfekt zu Fisch, Gemüse, Fleisch und Currygerichten.

Die Vollkorn-Reissorten

Naturreis

Der Naturreis ist ein Reis aus dem vollen Korn aus Italien. Er zählt zu den Mittelkörnern. Dieser Reis schmeckt leicht süßlich, kräftig und hat ein bissfestes Korn. Er eignet sich besonders gut für Vollkorn-Risotto.

Vollkorn-Basmatireis

Der Vollkorn-Basmatireis schmeckt erdig, hat dazu aber noch eine ganz eigene Vollkornnote. Durch die Schale hat er außerdem einen kräftigen Biss und steckt voller Nährstoffe.

Vollkorn-Jasminreis

Diese Vollkorn-Reissorte hat einen leichten Biss und schmeckt blumig-nussig. Besonders für Thai-Currys ist diese Art Reis sehr gut geeignet.

Reisspezialitäten

Paella-Reis

Für eine leckere spanische Paella wird am liebsten Rundkornreis genommen. Diese Sorte Reis ist bissfest, aber weich, schmeckt leicht süßlich und behält auch beim Kochen noch ihre Lockerheit. Rundkornreis hat kaum eigenen Geschmack und ist deswegen als Basis für intensive Gerichte wie eine Paella wunderbar geeignet.

Risotto-Reis

Diese Sorte Reis ist ein Mittelkorn und daher recht groß. Das verhindert, dass Ihr Risotto beim Kochen zu matschig wird. Die Körner sind recht bissfest und geben dem leckeren Reisgericht eine gute Struktur. Durch den hohen Stärkegehalt wird der Reis außerdem angenehm cremig.

Sushi-Reis

Für die vielen verschiedenen Sushi-Varianten ist ein Rundkornreis die richtige Wahl. Im Idealfall ist er aus echtem japanischem Saatgut gezogen worden. Der Reis ist klebrig-weich und hat einen sanft-süßlichen Eigengeschmack. Verfeinert mit etwas Salz, Zucker und Reisessig bietet er die perfekte Basis für Ihr Lieblingssushi.

Besondere Reissorten

Roter Reis

Die rote Farbe wird nicht künstlich hinzugefügt. Sie steckt im Erbgut der Saatkörner. Roter Reis hat ein erdiges Vollkornaroma und einen festen Biss. Daher passt er gut zu Fleisch, Gemüse und Fisch.

Schwarzer Reis

Auch diese Reissorte hat ihre Farbe von Natur aus. Sie schmeckt stark nussig und hat einen guten Biss. Der schwarze Reis passt wunderbar zu Wraps und in Salate – allein schon als optisches Highlight.

Sadri-Reis

Der Sadri-Reis ist eine wertvolle Langkornsorte aus dem Iran und schmeckt blumig. Seine Körner sind weich und cremig. Diese Sorte hat eine sehr lange Tradition, die Jahrhunderte zurückreicht. Sie wird im Norden des Irans angebaut und eignet sich perfekt für persische Spezialitäten.

Alternativen zu Reis

Hirse

Die Hirse gehört zu den ältesten Getreidearten, die der Mensch kultiviert hat. Schon 3000 Jahre vor Christus wurden Felder mit ihr bestellt. Hirse ist sehr nährstoffreich und schmeckt leicht nussig. Sie passt als Beilage perfekt zu Fleisch oder würzigem Gemüse.

Bulgur

Häufig wird Bulgur mit Couscous verwechselt. Dabei ist Bulgur sehr viel gröber und wird während der Herstellung zerkleinert. Mit Bulgur können Sie gut Fleisch und Gemüse befüllen oder leckere Salate zaubern.

Couscous

Couscous ist eigentlich ein Pseudogetreide, denn er besteht aus feinen Körnern von Hartweizengrieß. Er eignet sich perfekt als Beilage für vielerlei Gerichte, denn er hat kaum Eigengeschmack. Sie können ihn auch auf Hirsebasis erwerben – dann ist er sogar glutenfrei.

Buchweizen

Auch beim Buchweizen handelt es sich nicht etwa um Weizen, sondern um ein Pseudogetreide. Tatsächlich ist das Korn mehr mit Rhabarber verwandt als mit Weizen. Buchweizen erinnert an braune Bucheckern, woher auch der Name stammt. Die kleinen Nüsse sind sehr nährstoffreich und eignen sich für herzhafte, aber auch für süße Mahlzeiten.

Quinoa

Quinoa ist eine einsamige Nuss, die aus Südamerika stammt. Quinoa steckt voller Nährstoffe und Proteine und kann zu herzhaften und süßen Speisen verarbeitet werden.

DIE (REIS-) SORTEN IM REISKOCHER

Sie können alle Reissorten und auch die genannten Reisalternativen im Reiskocher zubereiten. Jede Sorte braucht dabei aber eine andere Menge an Wasser und Zeit. Auch unterscheiden sich die Zubereitungsweisen in den verschiedenen Reiskochern voneinander. In den folgenden Beispielen wurde ein digitaler Reiskocher verwendet.

Basmati- und Jasminreis

Waschen Sie den Reis auf jeden Fall, bevor Sie ihn im Reiskocher zubereiten. So wird überschüssige Stärke abgewaschen und der Reis klebt nicht so sehr zusammen. Geben Sie dafür den Reis in den Innentopf des Reiskochers und fügen Sie Wasser hinzu. Langsam den Topf in Kreisbewegungen schwingen, Wasser auskippen und Vorgang wiederholen. Das machen Sie zwei- bis dreimal, bis das Wasser klar ist. Geben Sie dann Reis und Wasser im Verhältnis von 1:1,25 mit etwas Salz in den Topf und starten Sie den Reiskocher im korrekten Modus.

Sushi-Reis

Waschen Sie den Reis und geben Sie ihn dann in den Innentopf. Auch hier sind Sie mit einem Reis-Wasser-Verhältnis von 1:1,25 auf dem richtigen Weg. Ist der Reis fertig, geben Sie etwas Zucker, Salz und Reisessig hinzu.

Risotto-Reis

Damit Ihr Risotto perfekt wird, sollten Sie besonders auf die Temperatur und Dauer des Kochens achten. Im digitalen Reiskocher ist das etwas einfacher. Hier geben Sie im „Reis-Modus“ etwas Olivenöl in den Innentopf und erhitzen es. Dann geben Sie den Risotto-Reis Ihrer Wahl hinzu und rösten ihn kurz an. Mit Weißwein ablöschen. Dann ebenfalls im Verhältnis von 1:1,25 Wasser hinzugeben und kochen lassen. Zum Schluss Butter und Parmesan hinzufügen und im Reiskocher ruhen lassen.

Quinoa

Waschen Sie auch die Quinoa, damit die Bitterstoffe von der Schale gespült werden. Dann geben Sie Quinoa und Wasser im Verhältnis 1:2 in den Innentopf des Reiskochers und stellen den Timer auf 15 Minuten. Nach dem Kochen noch für fünf Minuten quellen lassen.

Buchweizen

Waschen Sie den Buchweizen gut und geben Sie ihn dann mit Wasser im Verhältnis 1:2 in den Reiskocher. Stellen Sie ihn auf den Modus „Getreide" – der Rest funktioniert wie von selbst.

Couscous

Für Couscous brauchen Sie den Dampfeinsatz Ihres Reiskochers. Waschen Sie das Pseudogetreide und geben Sie es dann in den Dämpfer. Drücken Sie mit einer Gabel oder einem Stäbchen ein paar Löcher in die Masse, damit der Dampf hindurch kann. Dann den Dämpfer schließen, Topf mit etwa einem Zentimeter Wasser bedecken und bei niedriger Hitze für ungefähr 20 Minuten dämpfen lassen.

Hirse

Die Hirse gut waschen und mit Wasser im Verhältnis 1:2 in den Innentopf des Reiskochers geben. Wählen Sie das Programm „Milchreis" aus und lassen Sie die Hirse für eine halbe Stunde kochen. Nachdem das Programm zu Ende ist, rühren Sie die Hirse einmal gut um und lassen alles ordentlich durchziehen.

Bulgur

Geben Sie den Bulgur im Verhältnis 1:2 mit Wasser, etwas Salz und etwas Olivenöl in den Innentopf des Reiskochers. Lassen Sie ihn für eine halbe Stunde im „Milchreis"-Modus kochen.

Frühstück

MILCHREIS-PROTEIN-BOWL

1 Port. 30 Min. Leicht

Zutaten

50 g Milchreis
1 TL Karamell-Aroma
250 ml Milch
5 g Butter
100 g Joghurt
25 ml Reisdrink
15 g Proteinpulver, Geschmack nach Wahl
Obst nach Geschmack

Nährwerte p. P.

459 kcal
63 g Kohlenhydrate
13 g Fett
23 g Eiweiß

1 Geben Sie den Milchreis, die Milch, die Butter und das Karamell-Aroma in den Reiskocher und kochen Sie ihn für ungefähr 25 Minuten.

2 In der Zwischenzeit mischen Sie das Proteinpulver mit dem Reisdrink zusammen, bis keine Klumpen mehr zu sehen sind. Mit dem Joghurt vermengen.

3 Bereiten Sie das Obst für das Topping vor - waschen und in mundgerechte Stücke teilen.

4 Den Milchreis kurz etwas abkühlen lassen und mit dem Joghurt-Mix und dem Obst anrichten.

HIRSE-SCHOKO-PORRIDG

2 Port. | 15 Min. | Leicht

Zutaten

50 g Hirse
50 g Haferflocken
1 TL Zimt
2 Datteln
250 ml Milch
200 ml Wasser
1 EL Kakaopulver
1 Apfel
Neutrales Öl zum Braten

Optional:
Mandeln oder Walnüsse als Topping

Nährwerte p. P.

304 kcal
52 g Kohlenhydrate
5 g Fett
12 g Eiweiß

1 Haferflocken, Hirse, Kakaopulver, Zimt, zerhackte Datteln, Wasser und Milch im Reiskocher für 15 Minuten bei geringer Hitze köcheln lassen.

2 Währenddessen den Apfel würfeln und mit etwas Öl in einer Pfanne für zehn Minuten anbraten.

3 Das fertige Porridge in zwei Schüsseln geben und mit den gebratenen Apfelstücken garnieren. Dazu passen auch wunderbar Mandeln oder Walnüsse.

APFELSTRUDEL-PORRIDGE

1 Port. 15 Min. Leicht

Zutaten

60 g Reisflocken
180 ml Reisdrink
110 ml Wasser für das Porridge
½ TL Vanille-Aroma
30 g Haferflocken
10 g Margarine
1 EL Mandeln
1 TL Hanfsamen
1 TL Zimt
1 Apfel
Etwas Wasser für das Topping

Nährwerte p. P.

684 kcal
76 g Kohlenhydrate
31 g Fett
19 g Eiweiß

1 Reisflocken, Wasser, Reisdrink und Vanille-Aroma in den Reiskocher geben und für 15 Minuten im "Congee"-Modus köcheln lassen. Nach etwa 15 Minuten einmal umrühren und die Konsistenz überprüfen.

2 Währenddessen schälen Sie den Apfel, würfeln ihn und geben etwas Wasser und einen halben Teelöffel Zimt in einen Topf. Dünsten Sie den Apfel so lange, bis er weich ist.

3 Die Margarine in einer Pfanne schmelzen lassen und die Mandeln, den übrigen Zimt, die Haferflocken und die Hanfsamen darin anrösten.

4 In das fertige Porridge die Hälfte der Äpfel mischen, den Rest der Apfelstücke und die Streusel aus der Pfanne als Topping nutzen.

VEGANES PORRIDGE MIT BRAUNEM REIS

2 Port. 15 Min. Leicht

Zutaten

200 ml Cashewdrink
200 g brauner Reis
400 ml Wasser
2 Bananen
2 TL Kokosöl
1 EL Ahornsirup
1 TL Reissirup
¼ TL Kardamom
¼ TL Zimt
½ Apfel
2 TL Hanfsamen

Nährwerte p. P.

657 kcal
117 g Kohlenhydrate
11 g Fett
20 g Eiweiß

1 Den braunen Reis mit 400 ml Wasser im Reiskocher kochen.

2 Den gekochten Reis zusammen mit dem Kardamom und dem Cashewdrink in einem Topf erhitzen und für fünf Minuten auf dem Herd lassen. Ab und zu umrühren. Er soll nicht kochen!

3 Währenddessen die Bananen in Scheiben schneiden. Ahornsirup, Kokosöl und Zimt in eine heiße Pfanne geben und erhitzen.

4 Dann die Bananenscheiben hinzugeben und bei niedriger Hitze von beiden Seiten karamellisieren lassen.

5 Den Apfel in Scheiben schneiden. Das Porridge in Schüsseln füllen und mit den Bananen, dem Reissirup, den Hanfsamen und den Apfelscheiben garnieren.

ASIATISCHER REISBREI

1 Port. | 1 Std. | Leicht

Zutaten

50 g Sushi-Reis
400 ml Wasser
Herzhafte Toppings nach Wahl (zum Beispiel Ingwer, Tofu oder Frühlingszwiebeln)

Nährwerte p. P.

187 kcal
38 g Kohlenhydrate
1 g Fett
8 g Eiweiß

1 Den Sushi-Reis gründlich waschen. Den Reis zusammen mit dem Wasser in den Reiskocher geben und zubereiten.

2 Ab und zu die Konsistenz kontrollieren: Sie soll am Ende cremig und breiig sein. Je nach Bedarf noch etwas Wasser nachgießen.

3 In der Zwischenzeit die Toppings nach Wahl zerkleinern und zum Schluss den Reisbrei damit garnieren.

JOGHURT

4 Port. | 8 Std. | Leicht

Zutaten

1 l Rohmilch
2 EL Magermilchpulver
1 Becher Joghurt

Nährwerte p. P.

222 kcal
18 g Kohlenhydrate
11 g Fett
12 g Eiweiß

1 Erhitzen Sie die Rohmilch und lassen Sie sie dann auf 42 °C abkühlen. Magermilchpulver und Joghurt einrühren.

2 Die Mischung in ein Gefäß mit Deckel füllen und in den Reiskocher stellen. Den Reiskocher mit warmem Wasser füllen, aber aufpassen, dass nichts in das Gefäß gerät.

3 Den Reiskocher anschalten. Er sollte kurz in den Koch-Modus gehen und dann zum Warmhalten übergehen. Lassen Sie das Ganze so für acht Stunden stehen.

4 Danach stellen Sie den Joghurt in den Kühlschrank. Nach etwa zwei bis drei Stunden Kühlung können Sie ihn essen. Tipp: Behalten Sie gleich einen Becher Joghurt übrig, damit Sie die nächste Fuhre zeitig ansetzen können!

OMELETT

1 Port. 20 Min. Leicht

Zutaten

2–3 Eier
1 kleine Zwiebel
1 Avocado
1 Scheibe Käse
1 Tomate
1 Lauchzwiebel

Nährwerte p. P.

827 kcal
18 g Kohlenhydrate
68 g Fett
25 g Eiweiß

1 Avocado und Käse klein schneiden.

2 Die Zwiebel anbraten, dann Tomate und Lauchzwiebel mit in die Pfanne geben.

3 Das Gemüse mit Käse, Eiern und Avocado verrühren und in den Dämpfer des Reiskochers geben. So lange garen lassen, bis die Eier fest sind.

APFEL-ZIMT-PORRIDGE

2 Port. 20 Min. Leicht

Zutaten

1 Apfel
1 Tasse Haferflocken
¾ Tasse Milch
1 Tasse Wasser
½ TL Zimt
1 EL brauner Zucker
1 Prise Salz
2 TL Chiasamen

Nährwerte p. P.

318 kcal
50 g Kohlenhydrate
7 g Fett
12 g Eiweiß

1 Schälen Sie den Apfel und würfeln Sie ihn.

2 Geben Sie dann alle Zutaten in den Reiskocher und betätigen Sie das "Porridge"-Programm, wenn ihr Reiskocher über ein solches verfügt. Ansonsten einfach kochen lassen.

3 Hat sich der Reiskocher abgeschaltet, warten Sie noch ein paar Minuten. Dann rühren Sie das Porridge um und können es servieren.

MILCHREIS-FRIKADELLEN

2 Port. | 25 Min. | Mittel

Zutaten

100 g Milchreis
300 ml Milch
3 TL Reissirup
4 EL Kokosraspel
3 TL Rohrzucker
Etwas Tonkabohne, gerieben
Etwas Kokosöl

Nährwerte p. P.

428 kcal
69 g Kohlenhydrate
12 g Fett
10 g Eiweiß

1 Geben Sie den Milchreis, die Milch und die geriebene Tonkabohne in den Reiskocher und kochen Sie alles. Hat sich der Reiskocher abgestellt, geben Sie den Reissirup hinzu und lassen das Ganze dann abkühlen.

2 Den abgekühlten Milchreis mit dem Rohrzucker und den Kokosraspeln vermengen.

3 Aus der Masse Frikadellen formen und diese in einer heißen Pfanne mit Kokosöl von beiden Seiten goldbraun braten. Seien Sie beim Formen etwas vorsichtig, die Frikadellen sind sehr weich. Je kühler der Milchreis ist, desto einfacher wird es.

4 Nach dem Braten die Frikadellen nach Bedarf noch in ein paar Kokosraspeln wälzen und servieren.

ERDNUSS-BANANENBROT

4 Port. | 1 Std. 10 Min. | Mittel

Zutaten

150 g Reismehl
100 g Erdnussmehl
4 reife Bananen
50 g Erdnüsse
150 ml Reisdrink
1 EL Kokosöl
1 TL Natron
½ TL Backpulver
2 EL Reissirup
½ TL Salz
4 EL Wasser
1 TL Vanilleextrakt
1 EL Chiasamen

Nährwerte p. P.

543 kcal
69 g Kohlenhydrate
23 g Fett
12 g Eiweiß

1 Die Chiasamen mit dem Wasser vermengen und für etwa 15 Minuten quellen lassen.

2 In der Zwischenzeit das Erdnussmehl mit Backpulver, Reismehl, Natron und Gewürzen in einer Schüssel vermengen.

3 In einer weiteren Schüssel die Bananen mit einer Gabel zerdrücken. Nun die Chiasamen zusammen mit dem Sirup und dem Reisdrink aufschlagen und mit dem Kokosöl und den Bananen vermischen.

4 Die Bananen-Reismilch-Mischung zu den trockenen Zutaten geben und zu einem glatten Teig verrühren.

5 Ganz zum Schluss heben Sie die Erdnüsse unter den Teig. Fetten Sie nun den Innentopf des Reiskochers mit etwas Kokosöl ein. Den Teig einfüllen.

6 Im Cake-Modus für 45 bis 60 Minuten backen lassen. Haben Sie keine Backfunktion, können Sie einfach den normalen Reis-Modus wählen und das Brot dann im Warmhalten-Modus ruhen lassen.

7 Stecken Sie immer wieder ein Holzstäbchen in den Kuchen, um zu testen, ob er schon durchgebacken ist.

8 Nach dem Backen den Kuchen vorsichtig auf ein Rost stürzen und auskühlen lassen.

Salate

HIRSESALAT MIT SALSA VERDE UND HALLOUMI

4 Port. | 45 Min. | Leicht

Zutaten

500 g Blumenkohl
500 g Halloumi
200 g Hirse
200 g Kirschtomaten
150 g Blaubeeren
2 Knoblauchzehen
3 EL Kapernwasser (Flüssigkeit aus dem Kapernglas)
500 ml Gemüsebrühe
Je 1 Bund Lauchzwiebeln und Rucola
4 Stiele + ½ Bund Minze
2 Bund glatte Petersilie
80 ml Olivenöl
1 TL Kurkuma
1 EL Zitronensaft
Salz, Pfeffer
Etwas Wasser
Öl zum Braten

Nährwerte p. P.

840 kcal
45 g Kohlenhydrate
55 g Fett
37 g Eiweiß

1 Heizen Sie den Backofen auf 200 °C Umluft vor.

2 Den Blumenkohl in kleine Röschen teilen und mit einem Esslöffel Olivenöl sowie Salz vermengen. Auf einem Backblech verteilen und für ungefähr 20 Minuten im Ofen goldbraun werden lassen.

3 Währenddessen die Hirse waschen. Zusammen mit der Brühe, der Kurkuma, einem halben Teelöffel Salz und etwas Pfeffer in den Reiskocher geben und kochen lassen. Danach auf einem Backblech verteilen und abkühlen lassen.

4 Die Tomaten waschen und halbieren. Lauchzwiebeln in schmale Streifen schneiden und den halben Bund Minze sowie den Rucola hacken. Blaubeeren waschen.

5 Für die Salsa Verde nun die restlichen Kräuter waschen und hacken. Den Knoblauch schälen.

6 Knoblauch, gehackte Kräuter, drei Esslöffel Kapernwasser, etwas Öl und vier bis sechs Esslöffel Wasser zu einer Soße pürieren. Anschließend mit Pfeffer und Salz abschmecken.

7 Nun den Halloumi in ungefähr zwei Zentimeter dicke Scheiben schneiden. Etwas Öl in eine Pfanne geben und den Käse darin von beiden Seiten goldbraun braten.

8 Hirse, Blumenkohl, Lauchzwiebeln, Tomaten, Blaubeeren, Kräuter, das übrige Olivenöl, Salz, Pfeffer und den Zitronensaft miteinander vermengen. Mit Halloumi und Salsa Verde anrichten.

SCHWARZER REISSALAT

4 Port. 45 Min. Mittel

Zutaten

1 Tasse schwarzer Reis
2 ½ Tassen Wasser
250 g Schafskäse
200 g TK-Erbsen
2 rote Zwiebeln
1 Bund Petersilie
7 EL roter Balsamico
Walnussöl
Salz, Pfeffer

Nährwerte p. P.

333 kcal
32 g Kohlenhydrate
15 g Fett
16 g Eiweiß

1 Den schwarzen Reis waschen und mit dem Wasser im Dampfgarer des Reiskochers für 45 Minuten dämpfen.

2 Währenddessen die Zwiebeln schälen und fein hacken. Petersilie waschen und ebenfalls hacken. Den Schafskäse in Würfel schneiden.

3 Die Erbsen in den letzten drei Minuten zu dem Reis in den Dampfgarer geben.

4 Anschließend Erbsen und Reis aus dem Dampfgarer nehmen und abkühlen lassen. Alle Zutaten miteinander vermengen.

SOMMERLICHER REISSALAT

2 Port. | 30 Min. | Leicht

Zutaten

250 g Basmatireis
300 ml Wasser
75 g Feta
1 rote Zwiebel
10 Kirschtomaten
80 g Gurke
1 Knoblauchzehe
50 g Oliven
Etwas Zitronensaft
Etwas Petersilie
Salz, Pfeffer

Nährwerte p. P.

340 kcal
47 g Kohlenhydrate
14 g Fett
12 g Eiweiß

1 Den Reis waschen und im Reiskocher mit dem Wasser garen. Die Zwiebel schälen, halbieren und in feine Streifen schneiden.

2 Die Oliven in Ringe schneiden, die Gurke waschen und in kleine Würfel teilen. Die Kirschtomaten waschen und halbieren.

3 Das Gemüse zusammen mit dem gekochten Reis in eine Schüssel geben und vermischen.

4 Den Knoblauch pressen und ebenfalls zu dem Salat geben. Die Petersilie fein hacken und den Feta in kleine Stücke teilen. Beides vorsichtig unter den Reissalat geben. Mit Zitronensaft, Salz und Pfeffer abschmecken.

REISSALAT MIT ROSENKOHL

2 Port. | 40 Min. | Leicht

Zutaten

100 g schwarzer Reis
125 ml Wasser
300 g Rosenkohl
½ rote Zwiebel
2 Feigen
1 EL Olivenöl
Etwas Balsamicocreme
50 g Rucola
Einige Mandeln
Einige Granatapfelkerne
Salz und Pfeffer

Optional:
Etwas Butter

Nährwerte p. P.

306 kcal
28 g Kohlenhydrate
14 g Fett
12 g Eiweiß

1 Den Reis waschen und mit 125 ml Wasser in den Reiskocher geben. Nach Belieben salzen und kochen.

2 Nach Bedarf können Sie auch noch ein Stück Butter zu dem Reis geben, wenn der Reiskocher in den Warmhalten-Modus schaltet.

3 Währenddessen den Ofen auf 200 °C Umluft vorheizen.

4 Den Rosenkohl waschen, mit Olivenöl, Salz und Pfeffer würzen und für circa 20 Minuten im Ofen backen.

5 In der Zwischenzeit die Zwiebel in Ringe und die Feigen in kleine Stücke schneiden und den Rucola waschen.

6 Den Reis in zwei Schüsseln anrichten und mit Mandeln, Granatapfelkernen, Balsamicocreme, Rosenkohl, Feigen, Zwiebeln und Rucola garnieren.

KICHERERBSEN-FETA-SALAT

4 Port. 20 Min. Leicht

Zutaten

1 Salatgurke
250 g Kichererbsen
500 ml Wasser
½ Bund Petersilie
1 Zitrone
50 g Feta
3 EL Balsamico
2 EL Honig
4 EL Olivenöl
Salz, Pfeffer

Nährwerte p. P.

252 kcal
24 g Kohlenhydrate
13 g Fett,
9 g Eiweiß

1 Esslöffel Olivenöl hinzugeben und im Modus "Reis" kochen lassen. Zehn Minuten vor Ende des Programms prüfen Sie einmal die Konsistenz der Kichererbsen.

2 Währenddessen die Tomaten waschen, halbieren und in eine Schüssel geben. Die Gurke waschen, in feine Würfel schneiden und zu den Tomatenhälften geben. Die Petersilie fein hacken und unter die Tomaten-Gurken-Mischung heben.

3 Die Kichererbsen abgießen und zerhacken. Unter das Gemüse heben. Den Feta zerbröseln und mit dem Gemüse und den Kichererbsen vermischen.

4 Für das Dressing die Zitrone auspressen und den Saft mit dem Honig und dem Balsamico vermischen. Mit dem restlichen Olivenöl, Salz und Pfeffer abschmecken.

LINSENSALAT

4 Port. | 25 Min. | Mittel

Zutaten

200 g Tellerlinsen
350 ml Wasser
1 rote Zwiebel
1 Paprika
½ Salatgurke
1 Mango
250 g Kirschtomaten
1 Avocado
2 Handvoll Rucola
1 Bund Petersilie
2 TL Agavendicksaft
2 EL Apfelessig
4 EL Olivenöl
1 TL Senf
Salz und Pfeffer
100 g Feta

Nährwerte p. P.

357 kcal
44 g Kohlenhydrate
13 g Fett
17 g Eiweiß

1 Die Linsen mit dem Wasser in den Reiskocher geben und im Modus "Milchreis" für 25 Minuten kochen lassen. Sollten die Linsen am Ende noch zu bissfest sein, lassen Sie sie noch weitere fünf bis zehn Minuten im Warmhalten-Modus ziehen.

2 Währenddessen das Gemüse und die Mango waschen, bei Bedarf schälen und in mundgerechte, kleine Stücke schneiden.

3 Agavendicksaft, Apfelessig, Olivenöl und Senf zu einem Dressing verrühren. Mit Salz und Pfeffer abschmecken.

4 Die Linsen mit dem Gemüse und dem Dressing vermengen. Petersilie und Rucola hacken und zusammen mit der Mango unterheben. Feta zerbröseln und darüber verteilen.

Suppen

GULASCHSUPPE

4 Port. | 1 Std. | Mittel

Zutaten

500 g Rindfleisch
1 Paprika
1 Kartoffel
1 Knoblauchzehe
1 Zitrone, abgeriebene Schale
2 Zwiebeln
70 g Tomatenmark
850 ml Brühe
4 EL Öl
Je 1 TL Kümmel und Majoran
2 TL Paprikapulver
Salz, Pfeffer

Nährwerte p. P.

416 kcal
13 g Kohlenhydrate
28 g Fett
27 g Eiweiß

1 Die Zwiebel würfeln und mit zwei Esslöffeln Öl in einer Pfanne anbraten. In den Reiskocher geben.

2 Das Fleisch in kleine Würfel schneiden, salzen und pfeffern und in dem restlichen Öl anbraten.

3 Mit Paprikapulver würzen und etwas Brühe hinzugeben, damit sich der Bodensatz löst. Tomatenmark unterrühren und das Fleisch mit der Soße zu den Zwiebeln in den Reiskocher füllen. Die restliche Brühe hinzugeben und umrühren.

4 Den Reiskocher in das Programm "Porridge" schalten und kochen lassen.

5 Währenddessen die Paprika und die Kartoffel fein würfeln. Knoblauchzehe pressen und zusammen mit dem Kümmel, der Zitronenschale und dem Majoran zu einer Paste zerreiben - am besten in einem Mörser.

6 Den Reiskocher nach Ende der Garzeit erneut einschalten und nach etwa 25 Minuten die Kartoffel- und Paprikawürfel hinzugeben. Sobald der Reiskocher auf Warmhalten umschaltet, mit der Paste, Salz und Pfeffer abschmecken.

HELLE RINDFLEISCHBRÜHE

6 Port. 1 Std. Mittel

Zutaten

500 g Suppenfleisch
250 g Rinderknochen
1 Zwiebel
½ Bund Suppengrün
1 Bund Petersilie
750 ml Wasser
Salz
Etwas Öl zum Braten

Nährwerte p. P.

279 kcal
3 g Kohlenhydrate
18 g Fett
26 g Eiweiß

1 Waschen Sie das Fleisch ab und geben Sie es mit den Knochen zusammen in den Reiskocher. Füllen Sie das Wasser ein und schalten Sie den Reiskocher ein. Schöpfen Sie den sich bildenden Schaum immer wieder ab.

2 Währenddessen die Zwiebel in zwei Hälften teilen und mit der Schnittfläche nach unten mit etwas Öl in eine Pfanne legen. Goldbraun braten. Suppengrün in Stücke schneiden und Petersilie grob hacken.

3 Die Fleischbrühe im Reiskocher salzen und die Zwiebelhälften, die Petersilie und das Suppengrün für ungefähr eine halbe Stunde mitkochen lassen.

4 Nach dem Kochen die Brühe durch ein Sieb gießen.

SIZILIANISCHER SCHÄFERTOPF

1 Port. | 1,5 Std. | Mittel

Zutaten

350 g Lammfleisch
1 weiße Zwiebel
1 rote Zwiebel
1 Stange Sellerie
350 g Tomaten
1 Karotte
2 EL Olivenöl
Etwa 600 ml Wasser
4 Nelken
Salz, Pfeffer

Nährwerte p. P.

193 kcal
7 g Kohlenhydrate
10 g Fett
18 g Eiweiß

1 Schneiden Sie das Gemüse klein und geben Sie es in den Reiskocher. So viel Wasser hinzugeben, bis das Gemüse bedeckt ist. Den Reiskocher einschalten und im Reis-Schnellprogramm zubereiten.

2 Währenddessen das Lammfleisch in grobe Stücke schneiden und mit Nelken, Öl, Salz und Pfeffer würzen. Den Reiskocher in das "Porridge"-Programm schalten und das Fleisch hinzufügen.

3 Sobald das Programm durchgelaufen ist, noch einmal anschalten. Die Suppe mit Salz und Pfeffer abschmecken.

GEMÜSESUPPE

6 Port. 45 Min. Leicht

Zutaten

150 g Kartoffeln
150 g grüne Bohnen
150 g Karotten
150 g Rosenkohl
1 Stange Lauch
1 Zwiebel
1 Kartoffel zum Reiben
2 EL Öl
600 ml Brühe
Salz, Pfeffer

Nährwerte p. P.

95 kcal
11 g Kohlenhydrate
4 g Fett
3 g Eiweiß

1 Die Karotten und Kartoffeln waschen, schälen und in kleine Würfel teilen. Den Lauch gründlich waschen und in Ringe schneiden, die Bohnen in mundgerechte Stücke zerteilen.

2 Den Rosenkohl waschen und die äußeren Blätter und den Strunk abtrennen. Zwiebel fein würfeln.

3 Das Öl und die Zwiebel in den Reiskocher geben und dann das Gerät einschalten. So lange anschwitzen, bis sich das Gerät abschaltet.

4 Kartoffeln, Gemüse und Brühe hinzugeben. Die Kartoffel zum Reiben beiseitelegen. Mit etwas Pfeffer würzen und dann den Deckel auf den Reiskocher setzen. Das Gerät einschalten.

5 Nach ungefähr einer Viertelstunde die letzte Kartoffel in den Reiskocher reiben, damit die Suppe andickt. Mit Salz und Pfeffer abschmecken und noch etwa fünf Minuten ziehen lassen.

KOKOSCREME-SUPPE

4 Port. 25 Min. Mittel

Zutaten

300 g Kürbisfleisch
125 g Krabben
½ Stange Zitronengras
1 Chilischote
1 Zwiebel
400 ml Kokosmilch
250 ml Wasser
¼ TL Shrimp-Paste
1 TL Zucker
1 EL Fischsoße
1 EL gehackter Koriander
Pfeffer

Nährwerte p. P.

322 kcal
13 g Kohlenhydrate
25 g Fett
10 g Eiweiß

1 Zwiebel, Chili und Zitronengras fein hacken und mit der Shrimp-Paste und einem Schluck Wasser pürieren. Kürbisfleisch in Würfel schneiden.

2 Den Reiskocher in den "Porridge"-Modus schalten und das Wasser zusammen mit dem dünnflüssigen Teil der Kokosmilch, der Fischsoße, dem Zucker, dem Pfeffer und der Paste aufkochen. Gelegentlich umrühren.

3 Kocht die Flüssigkeit, geben Sie das Kürbisfleisch hinzu und lassen alles so lange kochen, bis der Kürbis weich ist oder das Gerät in den Warmhalten-Modus wechselt.

4 Nun die restliche Kokosmilch und die Krabben einrühren. Mit dem Koriander bestreut servieren.

REISSUPPE MIT GEMÜSE

4 Port. 40 Min. Leicht

Zutaten

60 g Reis
80 ml Wasser
200 g Lauch
500 g Karotten
1 Zwiebel
250 g Staudensellerie
1,2 l Gemüsebrühe
1 Bund Petersilie
1 EL Zitronensaft
2 EL Rapsöl
1 Lorbeerblatt
Pfeffer

Nährwerte p. P.

202 kcal
28 g Kohlenhydrate
6 g Fett
5 g Eiweiß

1 Den Reis waschen und dann mit dem Wasser im Reiskocher zubereiten. Abkühlen lassen und mit der Gabel auflockern.

2 Die Zwiebel schälen und fein würfeln. Den Lauch gründlich waschen und in Scheiben schneiden.

3 Die Karotten schälen, der Länge nach vierteln und würfeln. Staudensellerie waschen und in Würfel zerteilen.

4 Nun das Rapsöl in einem großen Topf erhitzen. Die Zwiebelwürfel darin andünsten, dann das restliche Gemüse hinzugeben und für weitere zwei Minuten braten lassen. Mit der Brühe ablöschen, das Lorbeerblatt hinzufügen und so lange kochen lassen, bis das Gemüse gar ist.

5 Während die Suppe kocht, die Petersilie waschen und hacken. Kurz vor Ende der Garzeit die Hälfte der Petersilie in die Suppe geben. Auch den Reis hinzufügen.

6 Zum Schluss das Lorbeerblatt aus der Suppe nehmen und die Suppe mit dem Zitronensaft und dem Pfeffer abschmecken. Mit der restlichen Petersilie garnieren.

PHO-SUPPE

4 Port. 50 Min. Leicht

Zutaten

400 g Reisnudeln
300 g Rindfleisch, gegart
4 EL Sojasoße
4 EL Nuoc Mam
Je 1 Bund Schnittlauch und Koriander
1 Rinderbrühwürfel
1 TL gemahlener Ingwer
1 l Wasser
1 Limette

Nährwerte p. P.

532 kcal
80 g Kohlenhydrate
13 g Fett
23 g Eiweiß

1 Das Rindfleisch in feine Streifen schneiden. Schnittlauch und Koriander waschen und fein hacken.

2 Das Wasser in den Reiskocher geben. Sojasoße, Nuoc Mam, Brühwürfel, Ingwer sowie etwa Dreiviertel des Schnittlauchs und des Korianders hinzugeben. Im "Suppe"-Modus für eine halbe Stunde kochen lassen. Etwa drei Minuten vor Ende der Kochzeit die Reisnudeln hinzugeben.

3 Die Nudeln in Schüsseln füllen, Rindfleisch dazugeben und mit der Brühe übergießen.

4 Saft der Limette über die Suppe träufeln und mit den restlichen Kräutern garnieren.

BASMATIREIS-SUPPE

4 Port. 45 Min. Leicht

Zutaten

50 g Basmatireis
80 ml Wasser
750 ml Gemüsebrühe
200 ml Kokosmilch
1 ½ EL Kokosöl
400 g Karotten
2 Schalotten
2 Frühlingszwiebeln
1 Mango
4 Limettenblätter
1 EL Limettensaft
½ TL Cayennepfeffer
1 TL Limettenabrieb
Salz, Pfeffer
1 Stück Ingwer

Nährwerte p. P.

593 kcal
58 g Kohlenhydrate
34 g Fett
8 g Eiweiß

1 Den Reis waschen und mit dem Wasser im Reiskocher zubereiten. Währenddessen die Karotten schälen und in kleine Stücke schneiden. Schalotten und Ingwer schälen und fein hacken. Limettenblätter einritzen.

2 Die Frühlingszwiebeln waschen und in Ringe schneiden. Das Kokosöl in einem Topf erhitzen und darin die Schalotten glasig andünsten lassen. Ingwer und Möhren hinzugeben und für weitere zwei Minuten dünsten lassen.

3 Den Reis mit in den Topf geben und andünsten lassen. Mit Brühe ablöschen und die Limettenblätter hinzugeben. Alles aufkochen und für 15 Minuten köcheln lassen.

4 Währenddessen die Mango schälen und in kleine Würfel schneiden. Die Mango zur Suppe geben und für fünf Minuten mitkochen lassen.

5 Nun die Kokosmilch, Limettensaft und -abrieb und den Cayennepfeffer untermischen.

6 Mit Pfeffer und Salz abschmecken. Alles pürieren.

ONE POT MISO RAMEN

2 Port. 30 Min. Leicht

Zutaten

2 EL Miso-Paste
1 EL Olivenöl
1 TL Ingwer
2 Knoblauchzehen
3 EL Sojasoße
1 EL Reissirup
1 Limette
750 ml Wasser

Zutaten für die Einlagen:
100 g Champignons
2 Pak Choi
1 Packung Reisnudeln

Zutaten zum Garnieren:
1 Chilischote
6 kleine Maiskolben
2 Stangen Lauchzwiebeln
1 TL Chiliflocken

Nährwerte p. P.

589 kcal
102 g Kohlenhydrate
12 g Fett
13 g Eiweiß

1 Einen Esslöffel Olivenöl in den Reiskocher geben und den "Standard"-Modus starten. Einen Teelöffel Ingwer abreiben und den Knoblauch hacken.

2 Ingwer und Knoblauch im vorgeheizten Reiskocher andünsten. Mit dem Wasser ablöschen.

3 Miso-Paste, Reissirup, Sojasoße und den ausgepressten Saft der Limette mit in den Reiskocher geben und verrühren. Deckel schließen und aufkochen lassen.

4 In der Zwischenzeit Pilze und Pak Choi waschen, klein schneiden und im Dampfgarer des Reiskochers garen.

5 Reisnudeln mit in den Reiskocher geben, sobald die Brühe kocht. Reiskocher in den Warmhalten-Modus schalten. Die Nudeln brauchen ungefähr acht Minuten, bis sie gar sind.

6 Währenddessen die Chilischote in Scheiben schneiden. Das gedämpfte Gemüse nun mit in die Brühe geben.

7 In Schüsseln füllen und mit Maiskolben, Chilischote, Lauchzwiebeln und Chiliflocken garnieren.

KÜRBISSUPPE MIT QUINOA

4 Port. | 45 Min. | Mittel

Zutaten

70 g Quinoa
75 g rote Linsen
140 ml Wasser
1 l Gemüsebrühe
400 ml Kokosmilch
1 Hokkaido-Kürbis
3 Karotten
1 rote Zwiebel
100 g körniger Frischkäse
5 cm Ingwer
1 Bund Minze
1 Kasten Kresse
4 EL Öl
Salz, Pfeffer, Muskat

Nährwerte p. P.

636 kcal
54 g Kohlenhydrate
38 g Fett
16 g Eiweiß

1 Quinoa mit dem Wasser in den Reiskocher geben und kochen lassen. Währenddessen den Kürbis in Spalten schneiden, Kerne herausnehmen und das Fleisch in grobe Würfel teilen.

2 Den Ingwer schälen und reiben. Karotten und Zwiebel schälen und in Würfel schneiden.

3 Zwei Esslöffel Öl in einer Pfanne erhitzen und die Zwiebeln darin glasig dünsten. Ingwer, Linsen und Kürbis hinzugeben und ebenfalls andünsten. Mit Kokosmilch und Gemüsebrühe ablöschen und alles aufkochen lassen. Für 25 Minuten bei mittlerer Hitze brodeln lassen.

4 Die fertige Quinoa in einer Pfanne mit dem restlichen Öl anbraten. Die Suppe pürieren und mit Muskat, Salz und Pfeffer abschmecken.

5 Minze und Kresse von den Stielen rupfen, Suppe in Schüsseln füllen. Die Suppe mit der Quinoa, den Kräutern und dem Frischkäse garnieren.

Brote

SAATEN-NUSS-BROT

8 Port. | 3 Std. | Leicht

Zutaten

250 g Reisflocken
60 g Mandeln
100 g Buchweizen
60 g Cashewkerne
2 TL Sesamkörner
150 g Sonnenblumenkerne
180 g Leinsamen
150 g Kürbiskerne
80 g Haselnüsse
8 EL Flohsamenschalen
2 EL Reissirup
6 EL Öl
830 ml lauwarmes Wasser
1 EL Salz
Etwas Fett und Mehl für den Topf

Nährwerte p. P.

761 kcal
21 g Kohlenhydrate
55 g Fett
34 g Eiweiß

1 Vermengen Sie alle Zutaten, bis auf die Sesamkörner, das Fett und das Mehl, miteinander.

2 Fetten Sie den Innentopf des Reiskochers ein und bemehlen Sie ihn etwas. Dann den Teig einfüllen und glatt streichen. Anschließend mit Sesam bestreuen.

3 Lassen Sie das Brot für zwei Stunden oder über Nacht im Reiskocher ruhen.

4 Wählen Sie dann den "Backen"-Modus aus und lassen Sie das Brot für 90 Minuten backen. Nach der Hälfte der Zeit wenden Sie das Brot vorsichtig.

HELLE BRÖTCHEN

16 Port. | 2,5 Std. | Leicht

Zutaten

1 Würfel frische Hefe
30 g Butter
1 TL Zucker
200 ml Milch
1 TL Salz
500 g Mehl
150 ml Wasser für den Teig
3 l Wasser für den Reiskocher

Nährwerte p. P.

120 kcal
22 g Kohlenhydrate
2 g Fett
3 g Eiweiß

1 Zucker, Hefe und 150 ml Wasser miteinander vermengen. Für 25 Minuten an einem warmen Ort stehen lassen.

2 Währenddessen die Butter in einem Topf schmelzen lassen. Milch zur Butter geben und lauwarm werden lassen.

3 Das Milch-Butter-Gemisch, Salz, Mehl und die Hefe zunächst mit den Knethaken verrühren und dann mit den Händen kneten. Teig für 45 Minuten gehen lassen.

4 Anschließend den Teig noch einmal durchkneten und zu einer langen Rolle ausbreiten. In 16 gleichmäßige Stücke schneiden und mit den Händen zu Brötchen formen. Zur doppelten Größe aufgehen lassen.

5 Etwa drei Liter Wasser in den Reiskocher geben und zum Kochen bringen. Die Brötchen portionsweise in das Wasser geben und für jeweils zwei Minuten brühen lassen. Dann wenden und noch einmal eine Minute im kochenden Wasser garen lassen.

6 Die Brötchen herausnehmen und abtropfen lassen. Im Ofen noch für 15 Minuten bei 200 Grad bei Ober-/Unterhitze backen lassen.

BAO BUNS

18 Port. | 2 Std. 10 Min. | Mittel

Zutaten

600 g Mehl
80 g Butter
60 g Zucker
10 g Salz
4 g Backpulver
8 g Trockenhefe
330 ml Milch
Etwas Öl

Nährwerte p. P.

169 kcal
28 g Kohlenhydrate
4 g Fett
4 g Eiweiß

1 Milch und Butter in einen Topf geben und bei schwacher Hitze warm werden lassen, bis die Butter geschmolzen ist.

2 Anschließend die Trockenhefe in den Milch-Butter-Mix geben und alles miteinander vermischen.

3 In einer weiteren Schüssel vermengen Sie Backpulver, Zucker, Mehl und Salz. Das Hefe-Gemisch hinzugeben und so lange kneten, bis ein glatter Teig entsteht. Das dauert ungefähr 10 bis 15 Minuten.

4 Den Hefeteig in eine leicht geölte Schüssel geben und mit Folie abdecken. Für etwa eine Stunde ziehen lassen.

5 Teilen Sie den Teig in 18 gleiche Portionen. Ölen Sie Ihre Hände etwas ein, um den Teig zu Kugeln zu formen. Die Kugeln für eine halbe Stunde gehen lassen.

6 Die Brötchen auf kleine Backpapierquadrate legen, denn so lassen sie sich leichter dämpfen.

7 Den Reiskocher einschalten und die Bao Buns in den Dämpfer geben. Aber Achtung: Die Brötchen werden noch größer, also nicht zu eng nebeneinanderlegen.

8 Brötchen für zehn Minuten dämpfen lassen.

REIS-HIRSE-BROT

9 Port. | 1 Std. 10 Min. | Mittel

Zutaten

140 g Reismehl
80 g Vollkorn-Reismehl
100 g Tapiokamehl
100 g Hirsemehl
40 g Kichererbsenmehl
80 g Sesamsamen
1 Pck. Trockenhefe
1 TL Salz
2 Eier
20 g Kokosblütenzucker
50 ml Olivenöl
300 ml lauwarmes Wasser
1 EL Apfelessig

Nährwerte p. P.

308 kcal
40 g Kohlenhydrate
13 g Fett
7 g Eiweiß

1 Alle trockenen Zutaten miteinander vermengen.

2 Eier, Essig, Wasser und Öl dazugeben und alles zu einem gleichmäßigen Teig verarbeiten.

3 Den Teig in den Reiskocher geben und für eine Minute im Warmhalten-Modus lassen, dann bei ausgeschaltetem Gerät für eine Viertelstunde gehen lassen. Anschließend im Reis-Modus für eine Stunde backen.

ZUCCHINI-QUINOA-BROT

9 Port. | 1 Std. 10 Min. | Mittel

Zutaten

300 g gemahlene Quinoa
200 g gequollene Quinoa
60 g Chiasamen-Mehl
1 Zucchini
60 g Sonnenblumen-kerne
40 g Sesamsamen
100 ml Rapsöl
Je 1 EL Natron und Backpulve3r
1 TL Brotgewürz
1 TL Salz
2 TL Honig
200 ml Wasser

Nährwerte p. P.

395 kcal
39 g Kohlenhydrate
20 g Fett
11 g Eiweiß

1 Das Chiasamen-Mehl mit dem Wasser für zehn Minuten quellen lassen. Gemahlene Quinoa, Backpulver, Natron, Salz und Brotgewürz vermischen.

2 Gequollene Quinoa, gequollenes Chiasamen-Mehl, Honig, Öl und die grob zerschnittene Zucchini in einem Mixer vermischen.

3 Die trockene Mehlmischung zu den vermixten Zutaten geben und zu einem homogenen Teig verarbeiten.

4 Sesamsamen und Sonnenblumenkerne dazugeben und den Teig mit Gewürzen und Salz abschmecken.

5 Für 90 Minuten im Reiskocher backen lassen.

KÄSE-TOMATEN-BROT

6 Port. | 1 Std. 10 Min. | Leicht

Zutaten

150 g Quark
175 g Dinkelmehl
2 Eier
1 Packung Backpulver
4 EL Tomatenmark
100 g geriebener Käse
1 EL Olivenöl
1 Prise Pfeffer
½ TL Salz
Italienische Kräuter

Nährwerte p. P.

214 kcal
24 g Kohlenhydrate
8 g Fett
11 g Eiweiß

1 Tomatenmark, Olivenöl und Eier miteinander vermengen. Geben Sie dann den Quark hinzu und verrühren Sie alles zu einer gleichmäßigen, cremigen Masse.

2 Backpulver und Mehl vermischen und zu der feuchten Masse geben. Gut verkneten.

3 Gewürze und Käse unterheben und den Reiskocher einfetten. Brotteig einfüllen und für 50 Minuten im "Back"-Modus backen lassen.

4 Das Brot fünf Minuten abkühlen lassen und dann vorsichtig aus dem Reiskocher heben.

MAN-TOU-DAMPFBRÖTCHEN

30 Port. | 2 Std. 20 Min. | Leicht

Zutaten

1 EL Trockenhefe
1 EL Zucker
½ Tasse lauwarmes Wasser
500 g Mehl
Wasser für den Reiskocher

Nährwerte p. P.

59 kcal
12 g Kohlenhydrate
0 g Fett
2 g Eiweiß

1 Hefe, Zucker und vier Esslöffel lauwarmes Wasser in einer Schüssel verrühren und für 15 Minuten ruhen lassen.

2 Mehl in eine weitere Schüssel geben und in die Mitte eine Mulde drücken. Hefe-Gemisch und das restliche Wasser hineingeben. Zu einem glatten Teig verkneten.

3 Teig abdecken und für eine Stunde ziehen lassen. Die Teigkugel noch einmal kneten und für weitere 20 Minuten gehen lassen.

4 Danach noch einmal durchkneten und in ungefähr 30 Kugeln teilen. Für 45 Minuten gehen lassen.

5 Anschließend den Reiskocher mit Wasser füllen und den Dämpfer anschalten. Die Teigkugeln in den Dämpfeinsatz legen und für zehn Minuten dämpfen.

6 Brötchen heiß genießen.

MUSHI PAN

GEDÄMPFTES BROT

2 Port. | 20 Min. | Leicht

Zutaten

1 Ei
20 g Butter
40 g Zucker
100 g Mehl
50 ml Milch
2 TL Backpulver
75 g Schoko-Tröpfchen

Nährwerte p. P.

379 kcal
54 g Kohlenhydrate
15 g Fett
7 g Eiweiß

1 Schlagen Sie das Ei schaumig und geben Sie dann den Zucker hinzu.

2 Die Butter schmelzen lassen und zum Ei-Zucker-Gemisch geben. Beim Rühren die Milch unterheben.

3 Anschließend Mehl und Backpulver untermischen und so lange kneten, bis eine homogene Masse entsteht. Zum Schluss die Schoko-Tröpfchen vorsichtig unter den Teig heben.

4 Nun den fertigen Teig in Muffinförmchen geben. Für 15 Minuten im Dampfaufsatz des Reiskochers dämpfen lassen.

Hauptgerichte mit Fleisch

REIS MIT PUTENBRUST IN HONIG-SENF-SOSSE

1 Port. 15 Min. Leicht

Zutaten

70 g Reis
140 ml Wasser
1 Karotte
125 g Putenbrustfilet
1 TL Senf
½ TL Olivenöl
½ TL Honig
1 Prise Salz
1 Prise Pfeffer
Etwas Wasser für die Soße

Nährwerte p. P.

513 kcal
64 g Kohlenhydrate
11 g Fett
35 g Eiweiß

1 Den Reis waschen und mit dem Wasser im Reiskocher kochen.

2 Schälen Sie in der Zwischenzeit die Karotte und schneiden Sie sie in dünne, etwa vier Zentimeter lange Streifen. Geben Sie die Karottenstreifen zum Reis in den Reiskocher und lassen Sie alles zusammen für acht bis neun weitere Minuten garen.

3 Das Putenbrustfilet waschen, trocken tupfen und in kleine Stücke schneiden.

4 Das Olivenöl in einer Pfanne erhitzen und die Fleischstücke darin für etwa vier Minuten anbraten und mit Pfeffer und Salz würzen.

5 Etwas Wasser, den Honig und den Senf zum Fleisch geben und aufkochen lassen. Hitze reduzieren und für zwei Minuten ziehen lassen. Mit dem Karotten-Reis servieren.

CHILI CON CARNE

2 Port. | 40 Min. | Leicht

Zutaten

350 g Rinderhack
1 rote Zwiebel
1 große Knoblauchzehe
2 Peperoni
240 g Kidneybohnen
240 g stückige Tomaten
30 g Zartbitterschokolade
1 TL Kreuzkümmel
1 TL Chiliflocken
1 ½ EL Öl
150 ml Wasser
Salz, Pfeffer

Nährwerte p. P.

649 kcal
42 g Kohlenhydrate
31 g Fett
45 g Eiweiß

1 Hacken Sie den Knoblauch und die Zwiebel fein. Erhitzen Sie das Öl in einer großen Pfanne und dünsten Sie die Zwiebeln darin glasig. Dann den Knoblauch dazugeben und kurz mitdünsten.

2 Hackfleisch in die Pfanne geben und mit Chiliflocken und Kreuzkümmel würzen. Fünf Minuten garen lassen.

3 Währenddessen hacken Sie die Schokolade grob und schneiden die Peperoni in Ringe.

4 Geben Sie dann alle Zutaten in den Reiskocher und rühren Sie alles gut durch.

5 Den Reiskocher einschalten. Sobald er in den Warmhalten-Modus umschaltet, ist das Chili fertig.

REISFLEISCH

4 Port. | 1 Std. 10 Min. | Leicht

Zutaten

180 g Reis
300 ml Brühe
1 Zwiebel
2 Paprika
500 g Schweinefleisch
1 Bund Frühlingszwiebeln
2 EL Chilipaste
2 EL Sesamöl
2 EL Essig
1 TL Salz

Nährwerte p. P.

306 kcal
23 g Kohlenhydrate
9 g Fett
30 g Eiweiß

1 Den Reis waschen und mit Brühe und Chilipaste vermischen.

2 Die Zwiebel fein hacken. Das Fleisch in Würfel schneiden und mit der Zwiebel, dem Essig, dem Salz, dem Sesamöl und dem Reis-Brühe-Gemisch in den Reiskocher geben.

3 Reiskocher einschalten. Nach Ablauf der Kochfunktion noch weiter im Warmhalten-Modus garen lassen. Erst dann die Paprika fein würfeln und hinzugeben.

4 Die Frühlingszwiebeln waschen und in Ringe schneiden. Nach ungefähr einer halben Stunde mit Frühlingszwiebeln garnieren.

RINDFLEISCH-PFANNE

1 Port. 20 Min. Leicht

Zutaten

30 g Reis
60 ml Wasser
120 g Rinderfilet
½ Paprika
1 Lauchzwiebel
1 Prise Zucker
20 g Cashewkerne
1 EL Olivenöl
1 ½ TL Sojasoße

Nährwerte p. P.

479 kcal
38 g Kohlenhydrate
20 g Fett
33 g Eiweiß

1 Den Reis waschen und mit dem Wasser im Reiskocher zubereiten.

2 Währenddessen das Rinderfilet in dünne Streifen schneiden und in Olivenöl scharf anbraten.

3 Die Paprika und die Lauchzwiebel in Streifen und Ringe schneiden. Mit den restlichen Zutaten in einer Schüssel vermengen.

4 Den Inhalt der Schüssel in die Pfanne geben und für fünf Minuten braten lassen. Zusammen mit dem Reis servieren.

TAHDIG (PERSISCHER REIS) MIT HÄHNCHEN

4 Port. | 1,5 Std. | Leicht

Zutaten

400 g Basmatireis, gewaschen
200 g Hähnchenbrustfilet
1 EL Butterschmalz
600 ml Wasser
1 TL Salz
1 Prise Safran
Etwas Öl zum Braten

Nährwerte p. P.

884 kcal
157 g Kohlenhydrate
10 g Fett
38 g Eiweiß

1 Den Safran mörsern, mit dem Wasser aufgießen und das Salz hinzugeben.

2 Das Butterschmalz im Reiskocher im Warmhalten-Modus schmelzen lassen.

3 Das Fleisch in Würfel schneiden und mit etwas Öl in einer Pfanne scharf anbraten.

4 Das Safran-Wasser mit dem gewaschenen Reis und dem Fleisch in den Reiskocher geben. Wenn vorhanden, im "Crispy"-Modus, ansonsten im normalen Reis-Modus, für ungefähr 70 Minuten garen lassen. Mit dem Fleisch servieren.

HÄHNCHEN MIT ERDNUSSSOSSE

3 Port. | 45 Min. | Mittel

Zutaten

200 g Basmatireis
400 ml Wasser zum Kochen
500 g Hähnchenbrustfilet
1 Zwiebel
1 Knoblauchzehe
250 ml Kokosmilch
4 EL Erdnussmus
1 TL Sambal Oelek
8 TL Sojasoße
2 EL Erdnussöl
2 TL Zitronensaft
200 ml Wasser
Etwas Salz und Pfeffer
Öl zum Braten

Nährwerte p. P.

757 kcal
64 g Kohlenhydrate
33 g Fett
49 g Eiweiß

1 Den Reis waschen und in den Reiskocher geben. Mit dem Wasser zubereiten. Das Hähnchenfleisch in dünne Streifen schneiden.

2 50 ml der Kokosmilch und vier Teelöffel Sojasoße verrühren. Darin das Fleisch für eine halbe Stunde ziehen lassen.

3 Währenddessen Knoblauch und Zwiebel würfeln und mit dem Erdnussöl in einem Topf anbraten.

4 Die restliche Kokosmilch, das Erdnussmus und die 200 ml Wasser in den Topf geben. Mit Sambal Oelek, Pfeffer, Salz, Zitronensaft und der restlichen Sojasoße abschmecken.

5 Das Fleisch abtupfen und in etwas Öl anbraten, bis es gar ist. Reis mit dem Fleisch und der Soße servieren.

HÄHNCHEN MIT SHIITAKE UND REIS

4 Port. | 1 Std. 10 Min. | Leicht

Zutaten

2 Hähnchenschenkel
20 g getrocknete Shiitake-Pilze
3 frische Shiitake-Pilze
195 g Jasminreis
95 g Klebreis
1 Kräutersaitling
12 g Ingwer
160 ml Brühe
1 EL Sojasoße
1 TL Sesamöl
1 EL Shaoxing-Wein
120 ml kochendes Wasser
Etwas Sesam zum Garnieren

1 Die getrockneten Pilze mit dem kochenden Wasser in eine Schüssel geben und ziehen lassen.

2 Währenddessen die frischen Shiitake-Pilze und den Saitling klein schneiden. Ingwer in dünne Streifen teilen.

3 Die Knochen von den Schenkeln lösen und das Fleisch in mundgerechte Stücke schneiden.

4 Beide Reissorten in einen Reiskocher geben. Ingwer, Hähnchen sowie die frischen und die getrockneten Pilze mit dem Wasser dazugeben.

5 Brühe, Sojasoße, Wein und Sesamöl zu der Reis-Fleisch-Mischung geben. Den Reiskocher anschalten. Sobald der Reiskocher sich ausgeschaltet hat, das Gericht mit etwas Sesam garnieren.

Nährwerte p. P.

452 kcal
0 g Kohlenhydrate
15 g Fett
20 g Eiweiß

Hauptgerichte mit Fisch

THAILÄNDISCHE GARNELENBÄLLCHEN

8 Port. | 1 Std. 20 Min. | Mittel

Zutaten

250 g rohe Garnelen
200 g Weißfischfilet
1 Ei
20 g Anchovis
40 g Butter
3 Knoblauchzehen
20 g Sellerieblätter
20 g Karotte
1 EL Limettensaft
1 TL Chilipaste
1 EL Backpulver
20 g Tapiokamehl
400 ml Wasser
3 EL Fischsoße
Etwas Brühe nach Bedarf
1 Prise Salz
Ggf. etwas Öl

Nährwerte p. P.

333 kcal
4 g Kohlenhydrate
8 g Fett
61 g Eiweiß

1 Untersuchen Sie das Fischfilet auf Gräten und entfernen Sie diese bei Bedarf. Die Garnelen antauen lassen und zusammen mit den Anchovis und dem Fischfilet pürieren.

2 Das Ei aufschlagen und mit dem Salz verrühren. Die Butter schmelzen lassen. Achten Sie dabei darauf, dass sie nicht zu heiß wird.

3 Währenddessen die Knoblauchzehe pressen, die Karotte schälen und in kleine Würfel schneiden. Die Sellerieblätter waschen und klein hacken.

4 Das Gemüse mit dem Fisch-Brei, dem Mehl, der Chilipaste, dem Limettensaft, der Butter, dem Ei und dem Backpulver zusammen pürieren, sodass eine homogene Masse entsteht. Für eine halbe Stunde im Kühlschrank ruhen lassen.

5 Währenddessen das Wasser mit der Fischsoße verrühren und nach Bedarf noch mit etwas Brühe abschmecken. Im Reiskocher zum Kochen bringen.

6 Mit zwei Teelöffeln aus der Fischmasse Bällchen formen und vorsichtig ins Wasser gleiten lassen. Am besten die Teelöffel mit etwas Öl benetzen, damit die Masse sich gut löst.

7 Sobald die Bällchen nach oben treiben, noch zwei Minuten im Wasser lassen und dann abschöpfen.

KABELJAU MIT GEMÜSE

4 Port. | 30 Min. | Mittel

Zutaten

4 Kabeljaufilets
2 Karotten
600 g Kartoffeln
2 Schalotten
½ Brokkoli
½ Blumenkohl
Je 1 Stiel Petersilie, Thymian und Dill
Saft einer ½ Zitrone
2 EL Butter
Salz, Pfeffer

Nährwerte p. P.

350 kcal
33 g Kohlenhydrate
6 g Fett
37 g Eiweiß

1 Waschen Sie den Fisch, untersuchen Sie ihn auf Gräten und entfernen Sie diese bei Bedarf.

2 Kartoffeln, Karotten und Schalotten schälen. Alles in mundgerechte Stücke schneiden.

3 Brokkoli und Blumenkohl waschen, Strunk entfernen und ebenfalls in mundgerechte Stücke schneiden. Die Kräuter waschen, trocken schütteln und klein hacken.

4 Kartoffeln, Möhren und Blumenkohl im Dampfaufsatz des Reiskochers für zehn Minuten dämpfen lassen.

5 Nach den zehn Minuten die Kabeljaufilets mit Pfeffer und Salz würzen und mit dem restlichen Gemüse in den Dampfeinsatz legen. Alle Zutaten weitere zehn Minuten dämpfen lassen.

6 Wenn alles gar ist, legen Sie das Gemüse in eine Auflaufform. Die Butter und die Kräuter darübergeben und mit dem Gemüse vermengen. Mit Pfeffer und Salz würzen und die Kabeljaufilets auflegen. Mit Zitronensaft beträufeln.

GEDÜNSTETER SCHELLFISCH

4 Port. 35 Min. Mittel

Zutaten

2 Schellfische ohne Kopf
400 ml Fischfond
100 ml Weißwein
200 ml Gemüsebrühe
100 ml Milch
60 g Butter
40 g Mehl
100 g Crème fraîche
1 TL Zucker
3 Nelken
3 Lorbeerblätter
3 Zweige Thymian
2 Zweige Estragon
6 Wacholderbeeren
10 schwarze Pfefferkörner
Schale einer Zitrone
Saft einer ½ Zitrone
1 EL körniger Senf
2 EL scharfer Senf
1 EL mittelscharfer Senf
Etwas Öl und Salz

Nährwerte p. P.

813 kcal
38 g Kohlenhydrate
40 g Fett
69 g Eiweiß

1 Die Fische waschen, nach Gräten absuchen und diese ggf. entfernen, mit etwas Zitronensaft beträufeln, ordentlich salzen und beiseitelegen.

2 Fischfond mit Weißwein verrühren und 100 ml davon zur Seite stellen. Das restliche Fisch-Wein-Gemisch mit Lorbeerblättern, Nelken, Wacholderbeeren, Thymian, Zitronenschale und Pfefferkörner in den Reiskocher geben und aufkochen. Bei schwacher Hitze ein paar Minuten köcheln lassen.

3 Den Dampfeinsatz einölen und den Fisch hineinlegen. Für 25 Minuten dämpfen.

4 Währenddessen bereiten Sie die Soße vor. Die übrigen 100 ml Fisch-Wein-Flüssigkeit mit der Milch und der Gemüsebrühe verrühren.

5 In einem Topf aus Mehl und Butter eine Mehlschwitze herstellen und die Flüssigkeit nach und nach unter Rühren hinzugeben. Für zehn Minuten köcheln lassen.

6 Den Estragon hacken. Crème fraîche, Estragon und Senf in die Soße einrühren. Mit Zitronensaft, Salz und Zucker abschmecken.

7 Testen Sie jetzt den Fisch: Lassen sich die Rückenflossen ohne Probleme abziehen, ist er gar. Den Fisch mit der Soße servieren.

GEDÄMPFTES LACHSFILET MIT REIS

4 Port. | 35 Min. | Mittel

Zutaten

4 Lachsfilets
1 Tasse Langkornreis
2 Tassen Wasser
Saft einer Limette
2 Frühlingszwiebeln
10 g Ingwer
Salz, Pfeffer

Nährwerte p. P.

914 kcal
81 g Kohlenhydrate
33 g Fett
71 g Eiweiß

1 Den Reis waschen und mit dem Wasser und einem Teelöffel Salz in den Reiskocher füllen. Im Reis-Modus kochen lassen.

2 Währenddessen den Lachs waschen, trocken tupfen, mit Limettensaft beträufeln und mit Pfeffer und Salz würzen.

3 Den Ingwer schälen und reiben. Die Frühlingszwiebeln in feine Ringe schneiden.

4 Den Fisch mit dem Ingwer und den Frühlingszwiebeln in den Dampfgarer geben und diesen auf den Reiskocher setzen. Für zehn Minuten garen lassen.

5 Den Fisch zusammen mit dem Reis servieren.

RISOTTO NERO

4 Port. | 1 Std. 20 Min. | Mittel

Zutaten

750 g Tintenfische mit Tintenbeutel
250 g Reis
1 Zitrone, ausgepresst
1 Zwiebel
750 ml Brühe
250 ml Weißwein
7 EL Olivenöl
Pfeffer und Salz

Nährwerte p. P.

1087 kcal
110 g Kohlenhydrate
21 g Fett
91 g Eiweiß

1 Die Tintenfische waschen und die Tintenbeutel in eine Schüssel legen.

2 Die Tintenfische in Streifen schneiden. Mit Zitronensaft und drei Esslöffeln Olivenöl marinieren und für 20 Minuten ziehen lassen.

3 Die Zwiebel fein hacken und mit dem restlichen Olivenöl im Reiskocher anbraten. Die Tintenfische abtropfen lassen und zu den Zwiebeln geben. Kurz anbraten.

4 Die Tintenbeutel öffnen und mit der abgetropften Marinade und dem Weißwein zu dem Tintenfisch geben. Im Reiskocher für 20 Minuten köcheln lassen.

5 Dann den Reis mit der heißen Brühe hinzugeben und im Reiskocher köcheln lassen, bis er sich ausschaltet. Mit Pfeffer und Salz würzen.

TOMATEN-SARDINEN-REIS

2 Port. | 30 Min. | Leicht

Zutaten

2 Tassen Reis
4 Tassen Wasser
1 Tomate
2 Zwiebeln
1 Knoblauchzehe
1 Dose Ölsardinen
1 EL Reisessig
Salz, Pfeffer

Nährwerte p. P.

827 kcal
156 g Kohlenhydrat
4 g Fett
39 g Eiweiß

1 Den Reis waschen und mit dem Wasser zusammen in den Reiskocher geben. Kräftig mit Pfeffer und Salz würzen und den Reisessig hinzugeben.

2 Die Tomate sternförmig einschneiden und kräftig salzen. Mit der eingeschnittenen Seite nach unten in die Mitte des Reiskochers legen.

3 Die Zwiebeln schälen, längs vierteln und dann waagerecht halbieren. Die Stücke um die Tomate herum verteilen. Den Knoblauch pressen und über den ganzen Inhalt im Reiskocher verteilen.

4 Die Sardinen abtropfen lassen, aber das Öl dabei auffangen. Öl in den Reiskocher geben, Sardinen etwas kleiner schneiden und ebenfalls zum Reis geben.

5 Den Reiskocher einschalten und die Reismischung nach dem Ende des Koch-Modus noch etwa fünf Minuten im Warmhalten-Modus ziehen lassen. Dann servieren.

BURI-DAIKON

GEDÄMPFTER FISCH MIT RETTICH

2 Port. | 1,5 Std. | Leicht

Zutaten

240 g Gelbschwanz
300 g Rettich
6 Scheiben Ingwer
2 Frühlingszwiebeln
200 ml Wasser
2 EL Zucker
6 EL Sojasoße
6 EL Sake

Nährwerte p. P.

262 kcal
25 g Kohlenhydrate
2 g Fett
30 g Eiweiß

1 Den Rettich schälen und ungefähr ein Drittel davon reiben. Den restlichen Rettich in mundgerechte Stücke schneiden.

2 Den Fisch ebenfalls in mundgerechte Stücke schneiden. Die Frühlingszwiebeln halbieren.

3 Alle Zutaten zusammen mit dem Wasser in den Reiskocher geben und das Gerät anstellen.

SABA NO MISO NI

MAKRELE IN MISO

2 Port. | 50 Min. | Leicht

Zutaten

1 Makrele
2 Frühlingszwiebeln
6 Scheiben Ingwer
200 ml Wasser
3 EL Miso
6 EL Sake
4 EL Zucker
1 TL Sojasoße

Nährwerte p. P.

367 kcal
36 g Kohlenhydrate
14 g Fett
24 g Eiweiß

1 Den Fisch in zwei bis drei Teile teilen, entgräten und kurz in heißem Wasser einweichen lassen. Die Frühlingszwiebeln halbieren.

2 Alle Zutaten in den Reiskocher geben und diesen anstellen. Nach ungefähr 40 Minuten sollte die Soße dickflüssig genug sein und Sie können das Gericht genießen. Ansonsten noch etwas länger kochen lassen.

Vegetarisch

PFIFFERLING-REISSCHALE

2 Port. | 50 Min. | Leicht

Zutaten

2 Tassen Klebreis
4 Tassen Wasser
100 g Pfifferlinge
1 TL Sake
2 EL Sojasoße
2 TL Butter
½ TL Salz

Nährwerte p. P.

419 kcal
76 g Kohlenhydrate
5 g Fett
16 g Eiweiß

1 Den Reis waschen und mit dem Wasser in den Reiskocher geben.

2 Pfifferlinge putzen und mit Sake, Sojasoße und Salz zu dem Reis in den Reiskocher geben. Den Reiskocher anschalten.

3 Den Reis nach dem Kochen in zwei Schalen geben und mit jeweils einem Teelöffel Butter vermischen.

GEBRATENER REIS

4 Port. | 40 Min. | Leicht

Zutaten

150 g Basmatireis
250 ml Wasser
½ Stange Lauch
2 Knoblauchzehen
50 g Zuckererbsenschoten
1 Karotte
2 Eier
50 g Erbsen
1 TL Chilipulver
1 TL brauner Zucker
1 TL Limettensaft
Salz
Öl zum Braten

Nährwerte p. P.

223 kcal
38 g Kohlenhydrate
4 g Fett
8 g Eiweiß

1 Den Reis waschen und mit dem Wasser im Reiskocher zubereiten.

2 Währenddessen den Knoblauch hacken, den Lauch in Ringe schneiden, die Karotte schälen und in dünne Scheiben schneiden.

3 Etwas Öl in einer Pfanne erhitzen und Lauch und Knoblauch kurz scharf anbraten. Dann Erbsen, Schoten und Karotten dazugeben und auch kurz anbraten. Gemüse zur Seite schieben.

4 Die Eier in eine Schüssel geben, verrühren und in die Pfannenmitte gießen. Stocken lassen und umrühren.

5 Den Reis zu dem Ei geben und gut vermischen. Das Gemüse unterheben und mit Zucker, Limettensaft, Salz und Chilipulver würzen.

MAC AND CHEESE

2 Port. 20 Min. Leicht

Zutaten

2 Tassen Makkaroni
2 Tassen Gemüsebrühe
1 EL Frischkäse
200 ml Milch
80 g Cheddar

Nährwerte p. P.

529 kcal
69 g Kohlenhydrate
16 g Fett
21 g Eiweiß

1 Milch und Gemüsebrühe in den Innentopf des Reiskochers geben und für ungefähr fünf Minuten erhitzen.

2 Sobald die Milch-Brühe kocht, die Nudeln dazugeben und al dente kochen. Den Frischkäse unterrühren und den Cheddar unterheben.

3 Für eine bis zwei Minuten mit geschlossenem Deckel garen lassen, damit der Käse schmelzen kann. Dafür den Reiskocher in den Warmhalten-Modus umstellen.

KUKU SABZI

PERSISCHES OMELETT

4 Port. | 30 Min. | Leicht

Zutaten

350 g TK-Spinat
1 Handvoll Walnüsse
1 Handvoll Berberitzen
6 Eier
Bockshornklee
Öl
Salz, Pfeffer

Nährwerte p. P.

330 kcal
9 g Kohlenhydrate
26 g Fett
15 g Eiweiß

1 Den Spinat auftauen lassen.

2 Den Spinat mit den Walnüssen, den Eiern und den Berberitzen vermischen. Mit Bockshornklee, Pfeffer und Salz würzen.

3 Den Boden des Reiskochers mit Öl bedecken und die Spinat-Masse darauf verteilen. Für 30 Minuten kochen lassen.

LINSEN-EINTOPF MIT EI

1 Port. 15 Min. Leicht

Zutaten

80 g rote Linsen
40 g Reis
300 ml Wasser
1 Karotte
150 g Blumenkohl
1 Ei
Je 1 Prise Salz und Pfeffer
½ Prise Currypulver
1 EL Gemüsebrühe
Öl zum Braten

Nährwerte p. P.

560 kcal
78 g Kohlenhydrate
7 g Fett
35 g Eiweiß

1 Reis und Linsen waschen und mit dem Wasser in den Reiskocher geben.

2 Die Karotte schälen und in Scheiben schneiden. Blumenkohl in kleine Stücke schneiden.

3 Blumenkohl und Karotte zu dem Reis und den Linsen geben. Mit Salz, Pfeffer, Curry und Brühe würzen. Den Reiskocher anstellen und so lange kochen, bis die gewünschte Konsistenz erreicht ist.

4 Währenddessen das Ei verquirlen und in einer Pfanne mit dem Öl zu Rührei braten. Zu dem Eintopf servieren.

COUSCOUS-GEMÜSE-PFANNE

2 Port. | 1 Std. | Leicht

Zutaten

200 g Couscous
½ Hokkaido-Kürbis
400 ml Wasser
200 g Kichererbsen
2 Süßkartoffeln
2 TL Pesto
1 TL Butter
1 TL Paprikapulver
Etwas Salz und Pfeffer

Nährwerte p. P.

792 kcal
148 g Kohlenhydrate
9 g Fett
20 g Eiweiß

1 Die Kichererbsen mit 400 ml Wasser in den Reiskocher geben und kochen lassen.

2 Den Couscous in den Dämpfeinsatz geben und für ungefähr 20 Minuten dämpfen lassen, so lange, wie die Kichererbsen kochen.

3 Den Couscous mit etwas Butter anreichern und aus dem Dämpfer nehmen.

4 Währenddessen den Ofen auf 200 °C Ober-/Unterhitze vorheizen. Kürbis und Süßkartoffeln in mundgerechte Stücke schneiden. Kichererbsen abgießen und mit dem Gemüse auf einem Backblech verteilen. Mit Pfeffer, Salz und Paprikapulver würzen.

5 Gemüse in den Ofen geben und goldbraun backen. Das fertige Gemüse mit dem Couscous vermischen und mit etwas Pesto servieren.

TABOULÉ

PERSISCHER SALAT

2 Port. | 30 Min. | Leicht

Zutaten

200 g Couscous
8 Cocktailtomaten
1 Gurke
1 Zwiebel
½ Bund Minze
1 Bund Petersilie
1 Zitrone, ausgepresst
2 EL Olivenöl
1 TL Butter
1 TL Salz
Etwas Wasser

Nährwerte p. P.

549 kcal
78 g Kohlenhydrate
18 g Fett
12 g Eiweiß

1 Den Couscous in den Dämpfer geben, etwas Wasser in den Reiskocher geben und das Gerät anschalten.

2 Währenddessen Minze und Petersilie waschen und fein hacken. Gurke waschen und in kleine Würfel schneiden. Tomaten waschen und halbieren. Die Zwiebel schälen und fein hacken.

3 Den Couscous mit der Butter anreichern und mit den restlichen Zutaten vermischen. Mit etwas Zitronensaft abschmecken.

ZUCCHINI-RISOTTO

4 Port. | 40 Min. | Mittel

Zutaten

300 g Risotto-Reis
1 Schalotte
2 Zucchini
1 Zitrone, ausgepresst
700 ml Gemüsebrühe
3 EL Olivenöl
2 EL Parmesan
Salz, Pfeffer

Nährwerte p. P.

416 kcal
59 g Kohlenhydrate
13 g Fett
14 g Eiweiß

1 Schalotte und Zucchini würfeln. Den Reiskocher starten und das Olivenöl hineingeben. Etwa zwei Minuten warten.

2 Die Schalotten in den Reiskocher geben und andünsten. Nach ein paar Minuten den Reis hinzugeben und auch andünsten.

3 Geben Sie anschließend die Zucchiniwürfel dazu, lassen Sie sie kurz anbraten und löschen Sie dann alles mit 400 ml Brühe ab.

4 Schließen Sie jetzt den Deckel des Reiskochers und lassen Sie das Standard-Programm laufen. Immer wieder umrühren.

5 Wenn die Flüssigkeit weniger wird, geben Sie die restliche Brühe dazu.

6 Hat das Risotto die gewünschte Konsistenz erreicht, verfeinern Sie es mit Parmesan, Zitronensaft, Salz und Pfeffer.

KÜRBIS-RISOTTO

4 Port. | 1 Std. | Mittel

Zutaten

600 g Hokkaido-Kürbis
300 g Risotto-Reis
1 Bund Lauchzwiebeln
1 Knoblauchzehe
40 g Butter
60 g geriebener Parmesan
750 ml Gemüsebrühe
250 ml Weißwein
Salz, Pfeffer
Etwas Öl

Nährwerte p. P.

1166 kcal
164 g Kohlenhydrate
28 g Fett
40 g Eiweiß

1 Das Kürbisfleisch in mundgerechte Stücke schneiden, etwas salzen und ziehen lassen. Dann trocken tupfen.

2 Die Lauchzwiebeln in Ringe schneiden. Die Knoblauchzehe auspressen. Etwas Öl im Reiskocher erhitzen und Knoblauch und Lauchzwiebeln darin andünsten. Den Reis dazugeben und ebenfalls andünsten, bis er glasig ist.

3 Dann mit Weißwein ablöschen. Den Reis im Standard-Programm köcheln lassen und immer wieder Gemüsebrühe nachgießen. Nach etwa der Hälfte der Zeit den Kürbis hinzugeben.

4 Wenn das Risotto die gewünschte Konsistenz erreicht hat, mit Butter, Parmesan, Salz und Pfeffer abschmecken.

JIAOZI

JAPANISCHE TEIGTASCHEN

3 Port. | 1,5 Std. | Mittel

Zutaten

180 g Mehl
1 Ei
50 ml Wasser
50 g Karotten
500 g Weißkohl
54 g Ingwer
120 g Jasminreis
30 ml Olivenöl
1 TL Chiliflocken
1 TL Zucker
2 TL Sojasoße
½ TL Salz

Nährwerte p. P.

546 kcal
85 g Kohlenhydrate
14 g Fett
17 g Eiweiß

1 Das Wasser mit dem Ei und dem Mehl vermischen. Durchkneten, bis ein geschmeidiger Teig entsteht. Für eine halbe Stunde ruhen lassen.

2 Währenddessen das Gemüse so fein wie möglich schneiden oder raspeln.

3 Das Öl in einer Pfanne erhitzen und das gesamte Gemüse darin anbraten. Sojasoße, Gewürze und den Reis hinzugeben. Bei geschlossenem Deckel so lange garen lassen, bis der Reis durch ist.

4 Bemehlen Sie nun eine Oberfläche und teilen Sie den Teig in 20 gleich große Teile. Daraus Kugeln formen und mit einem Nudelholz dünn ausrollen.

5 Je einen bis 1,5 Teelöffel der Gemüsefüllung in die Mitte des Teiges platzieren und dann den Teig einschlagen. Die Ränder befeuchten, zusammenkleben und dabei leicht fächern.

6 Die Jiaozi in den Dämpfeinsatz des Reiskochers geben, etwas Wasser in den Kocher füllen und die Jiaozi für 15 bis 20 Minuten dämpfen lassen.

GESCHNETZELTES MIT SOJA-SESAM-SOSSE

2 Port. 30 Min. Leicht

Zutaten

1 Packung vegetarisches Geschnetzeltes
200 g Jasminreis
350 ml Wasser
1 Knoblauchzehe
4 Stangen Frühlings-zwiebeln
2 Baby-Pak-Choi
1 Chilischote
10 g Ingwer
¾ EL Sesamöl
3 EL Sojasoße
2 EL Wasser
2 EL Öl
3 EL Reisessig
1 EL Speisestärke
2 EL Ketchup
2 EL Honig
Salz, Pfeffer

Nährwerte p. P.

645 kcal
88 g Kohlenhydrate
25 g Fett
22 g Eiweiß

1 Ingwer und Knoblauch schälen und fein reiben. Dann die weißen Enden der Frühlingszwiebeln in Streifen und die grünen Enden in Ringe schneiden. Die Chilischote in Scheiben schneiden. Den Pak Choi waschen und die Enden abschneiden. Den Reis mit dem Wasser in den Reiskocher geben und köcheln lassen.

2 Währenddessen das Öl in eine Pfanne geben und den Pak Choi darin für etwa eine Minute braten lassen. Mit Pfeffer und Salz würzen, zwei Esslöffel Wasser hinzugeben und einen Deckel auf die Pfanne legen. So den Pak Choi für zwei Minuten andünsten lassen.

3 Den Kohl aus der Pfanne nehmen. Einen Esslöffel Sojasoße, einen Esslöffel Reisessig und ein Viertel Esslöffel Sesamöl in einer Schüssel verrühren und über den Pak Choi geben.

4 Knoblauch, Ingwer, Stärke, Ketchup, den restlichen Reisessig und die restliche Sojasoße, Sesamöl und Honig in einer Schüssel vermengen.

5 Etwas Öl in eine Pfanne geben und die weißen Enden der Frühlingszwiebeln mit dem Geschnetzelten für vier Minuten anbraten lassen. Dann die Soße hinzugeben, bis sie etwas eindickt.

6 Das Geschnetzelte mit dem Reis und dem Pak Choi servieren. Mit dem Frühlingszwiebel-Grün und den Chilischeiben garnieren.

ADAS POLO

PERSISCHER REIS MIT LINSEN

6 Port. 50 Min. Mittel

Zutaten

2 Tassen braune Linsen
8 Tassen Wasser
Je 1 Tasse Rosinen und Datteln
1 Handvoll Mandelstifte
1 Kartoffel
2 Zwiebeln
Kardamom
Zimt
½ TL Safran
Salz, Pfeffer, Zucker
Butterschmalz
Öl

Nährwerte p. P.

760 kcal
144 g Kohlenhydrate
7 g Fett
25 g Eiweiß

1 Linsen und Reis mit acht Tassen Wasser in den Reiskocher geben und kochen lassen.

2 Die Rosinen für zehn Minuten in etwas Wasser einweichen lassen. Währenddessen die Zwiebeln schälen, fein hacken und in einer Pfanne mit etwas Öl glasig andünsten.

3 Wenn die Linsen und der Reis fertig sind, die Zwiebeln dazugeben und mit Pfeffer und Salz würzen.

4 Die Datteln klein schneiden und mit den Rosinen in der Pfanne anbraten. Mandelstifte und Zucker hinzugeben.

5 Den Boden des Reiskochers mit Butterschmalz einstreichen und die Kartoffel in Scheiben schneiden. Auf dem Reiskocherboden die Kartoffelscheiben verteilen.

6 Safran in heißem Wasser auflösen und mit dem Linsen-Reis-Zwiebel-Gemisch in den Reiskocher geben. Die gebratenen Rosinen und Datteln mit etwas Kardamom und Zimt in den Reiskocher geben, alles verrühren und für 30 bis 45 Minuten im Reiskocher kochen lassen.

Vegan

SWEET CHILI RICE CAKE

4 Port. | 30 Min. | Leicht

Zutaten

3 Karotten
100 g Sojasprossen
700 g Reiskuchen
1 Pak Choi
2 Frühlingszwiebeln
2 Spitzpaprika
50 ml Sweet-Chili-Soße
1 Schuss Sojasoße
1 Pck. rote Currypaste
Chiliflocken
Salz, Pfeffer
Gemüsebrühpulver
Öl

Nährwerte p. P.

745 kcal
145 g Kohlenhydrate
3 g Fett
30 g Eiweiß

1 Schälen und halbieren Sie die Karotten und schneiden Sie sie dann in dünne Scheiben. Spitzpaprika waschen und würfeln, Frühlingszwiebeln in Ringe schneiden. Sojasprossen waschen und Pak Choi in Streifen schneiden.

2 Den Reiskuchen im Reiskocher nach Packungsanleitung zubereiten. In der Zwischenzeit Öl in einer Pfanne erhitzen und das Gemüse, außer Pak Choi und Sprossen, anbraten. Mit Chiliflocken, Pfeffer, Salz und Gemüsebrühpulver würzen. Reiskuchen mit in die Pfanne geben und vermischen.

3 Sojasoße und Currypaste hinzufügen. Nun die Sweet-Chili-Soße untermischen und für ungefähr zehn Minuten köcheln lassen. Nach ungefähr der Hälfte der Zeit Pak Choi und Sprossen dazugeben.

GEBRATENER REIS MIT TOFU

3 Port. | 30 Min. | Leicht

Zutaten

400 g Tofu
200 g Langkornreis
600 ml Wasser
2 EL Ingwer
2 Karotten
2 Stängel Zitronengras
1 Paprika
80 g Cashewkerne
120 g Spinat
6 TL Sesamöl
5 EL Sojasoße
Öl
Pfeffer und Salz

Nährwerte p. P.

701 kcal
72 g Kohlenhydrate
32 g Fett
29 g Eiweiß

1 Tofu einrollen und pressen, um überschüssige Flüssigkeit zu entfernen. Dann den Tofu würfeln, mit zwei Teelöffeln Sesamöl und einem Esslöffel Sojasoße vermischen.

2 Etwas Öl in einer Pfanne erhitzen und für etwa fünf Minuten den Tofu darin anbraten.

3 Karotten schälen und in Scheiben schneiden, die Paprika würfeln. Den Reis waschen und mit dem Wasser im Reiskocher zubereiten. Dann flach auf eine Platte streichen und im Kühlschrank auskühlen lassen.

4 Währenddessen wieder etwas Öl in einer Pfanne erhitzen und Zitronengras, Ingwer, Paprika und Karotten hinzugeben und für fünf Minuten dünsten. Spinat und Reis zugeben und noch einmal für drei Minuten braten.

5 Cashewkerne grob hacken und mit dem restlichen Sesamöl und der übrigen Sojasoße in die Pfanne geben. Mit Pfeffer und Salz abschmecken.

ONE POT THAI-CURRY

4 Port. | 30 Min. | Leicht

Zutaten

300 g Jasminreis
250 g Räuchertofu
1 Süßkartoffel
1 Pck. rote Currypaste
1 Spitzpaprika
250 ml Kokosmilch
300 ml Wasser
1 Handvoll Blattspinat
1 TL Salz
Etwas Limettensaft
2 EL Erdnüsse
Chiliflocken

Nährwerte p. P.

361 kcal
36 g Kohlenhydrate
20 g Fett
12 g Eiweiß

1 Den Reis und das Gemüse waschen. Die Süßkartoffel schälen und in Würfel schneiden. Den Tofu würfeln und die Paprika in Ringe schneiden.

2 Den Reiskocher in den "Crispy"-Modus stellen und den Innentopf erhitzen. Die Currypaste in den Innentopf geben und für ungefähr eine Minute anbraten. Dabei immer wieder umrühren.

3 Anschließend die Tofu-Würfel zur Paste geben und kurz anbraten lassen. Mit der Hälfte der Kokosmilch und dem Wasser ablöschen und alles miteinander verrühren. Den Reis und das Salz dazugeben.

4 Den Dampfeinsatz auf den Innentopf des Reiskochers stellen und die Süßkartoffel-Würfel hineingeben. Den Reiskocher in den "Reis"-Modus stellen.

5 Nach ungefähr zehn Minuten auch die Paprika in den Dämpfer geben. Ist das Programm beendet, nehmen Sie den Dampfeinsatz aus dem Kocher und gießen die restliche Kokosmilch über den Reis. Gemüse und Spinat unter den Reis heben.

6 Das Curry mit den Erdnüssen, den Chiliflocken und etwas Limettensaft servieren.

KUNG PAO TOFU

CHINESISCHES SOSSENGERICHT

2 Port. | 20 Min. | Leicht

Zutaten

500 ml Wasser
200 g Naturtofu
2 Paprika
2 Frühlingszwiebeln
2 Knoblauchzehen
20 g Ingwer
50 g Erdnüsse
1 TL Maisstärke
1 EL Zucker
1 EL Essig
5 EL Sojasoße
2 EL Erdnussöl
Salz
½ TL Chilipulver
1 TL Pfeffer

Nährwerte p. P.

331 kcal
24 g Kohlenhydrate
21 g Fett
18 g Eiweiß

1 Den Reis waschen und mit 400 ml Wasser im Reiskocher zubereiten.

2 Die Erdnüsse in einer Pfanne ohne Öl etwas anrösten und dann beiseitestellen. Den Tofu würfeln, im Erdnussöl knusprig braten und auch beiseitestellen.

3 Die Frühlingszwiebeln in Ringe schneiden, die Paprika würfeln und Ingwer und Knoblauch hacken. Die Sojasoße mit der Stärke, dem Zucker, dem Essig, dem restlichen Wasser und etwas Salz zu einer Soße vermischen.

4 Die Frühlingszwiebeln in der Tofu-Pfanne anbraten und Chilipulver, Pfeffer, Knoblauch, Ingwer und Paprika dazugeben. Für zwei weitere Minuten braten.

5 Die Soße zum Gemüse geben und so lange kochen, bis sie etwas eingedickt ist.

6 Erdnüsse und Tofu mit in die Pfanne geben und kurz warm werden lassen. Mit dem Reis servieren.

VEGANER MILCHREIS

2 Port. | 50 Min. | Leicht

Zutaten

200 g Milchreis
800 ml Reisdrink
1 TL Kokosöl
1 Orange
¼ TL gemahlene Tonkabohne
½ TL Zimt
1 Prise Salz

Nährwerte p. P.

598 kcal
126 g Kohlenhydrate
7 g Fett
10 g Eiweiß

1 Das Kokosöl im Innentopf des Reiskochers im Standard-Modus schmelzen lassen. Den Milchreis dazugeben und verrühren, bis alle Reiskörner mit dem Kokosöl bedeckt sind.

2 Tonkabohne, Zimt, Salz und Reisdrink ebenfalls in den Innentopf geben und aufkochen lassen. Dabei immer wieder umrühren.

3 Nach etwa zehn Minuten in den Warmhalten-Modus wechseln und für eine halbe Stunde ziehen lassen.

4 Anschließend noch einmal im Standard-Modus für fünf bis zehn Minuten kochen lassen.

5 Währenddessen die Orange schälen und in Spalten schneiden. Den Milchreis mit der Orange garnieren und servieren.

LINSENEINTOPF

2 Port. | 50 Min. | Leicht

Zutaten

150 g rote Linsen
600 ml Gemüsebrühe
1 Knoblauchzehe
2 Frühlingszwiebeln
2 Karotten
4 EL Tomatenmark
1 EL Olivenöl
Saft einer ½ Limette
Salz, Pfeffer

Nährwerte p. P.

443 kcal
59 g Kohlenhydrate
10 g Fett
22 g Eiweiß

1 Die Frühlingszwiebeln in Ringe schneiden, den Knoblauch hacken. Zusammen mit dem Tomatenmark und dem Öl in den Reiskocher geben und diesen für 30 Minuten in den "Backen"-Modus stellen.

2 Währenddessen die Karotten schälen und in feine Würfel schneiden.

3 Die Linsen, die Gemüsebrühe und die gewürfelten Karotten in den Reiskocher geben. Den Reiskocher weiterarbeiten lassen.

4 Nach der halben Stunde mit Limettensaft, Pfeffer und Salz abschmecken.

ONE POT PILZRAHM

2 Port. 30 Min. Leicht

Zutaten

250 g Jasminreis
400 ml Wasser
1 Knoblauchzehe
1 Zwiebel
300 g Champignons
½ Bund Frühlingszwiebeln
½ TL Thymian
3 EL Zitronensaft
150 ml pflanzliche Sahne
Ein Becher vegane Crème fraîche
Salz
Olivenöl

Nährwerte p. P.

821 kcal
107 g Kohlenhydrate
31 g Fett
26 g Eiweiß

1 Knoblauch und Zwiebel fein hacken, die Frühlingszwiebeln in Ringe schneiden. Pilze putzen und in dünne Scheiben schneiden. Den Reis waschen.

2 Etwas Olivenöl im Innentopf des Reiskochers erhitzen. Knoblauch, Zwiebeln und Pilze darin für etwa vier Minuten anbraten lassen.

3 Alle weiteren Zutaten (außer die vegane Crème fraîche und die Sahne) hinzugeben und im Turbo-Modus für etwa eine Viertelstunde kochen lassen.

4 Nach der Kochzeit die pflanzliche Sahne unterrühren und mit der Crème fraîche servieren.

Desserts

SCHOKOLADENKUCHEN

6 Port. | 1 Std. 45 Min. | Leicht

Zutaten

80 g Butter
2 Eier
100 g Zucker
100 g Schokolade
3 EL Mehl
3 EL Kakaopulver
200 ml Schlagsahne
Butter zum Einfetten

Nährwerte p. P.

434 kcal
32 g Kohlenhydrate
31 g Fett
7 g Eiweiß

1 Schmelzen Sie die Schokolade im Wasserbad. Währenddessen den Zucker mit der Butter verrühren und dann die Schlagsahne unterheben. Die Eier nacheinander unterrühren und die geschmolzene Schokolade hinzugeben.

2 Kakaopulver und Mehl zum Teig geben und so lange verrühren, bis eine gleichmäßige Masse entsteht.

3 Den Innentopf des Reiskochers mit etwas Butter einfetten und den Teig einfüllen.

4 Für 1,5 Stunden im Reiskocher backen. Abkühlen lassen und dann vorsichtig stürzen.

„PINK LADY“-TORTE

8 Port. | 2 Std. 20 Min. | Leicht

Zutaten

180 g Zucker
300 g Mehl
50 ml Buttermilch
2 TL Backpulver
3 Eier
Rote Lebensmittelfarbe
480 g Puderzucker
200 g Frischkäse
50 g gehackte weiße Schokolade
50 ml Öl
Blaubeeren zur Deko

Nährwerte p. P.

584 kcal
115 g Kohlenhydrate
10 g Fett
8 g Eiweiß

1 Backpulver und Mehl vermischen.

2 Zucker, Eier, Buttermilch und Öl miteinander verrühren und dann die Mehlmischung unterheben. Alles zu einer gleichmäßigen Masse verrühren und so viel Lebensmittelfarbe dazugeben, bis der Teig die von Ihnen gewünschte Färbung erreicht hat.

3 Den Teig in den Reiskocher füllen und für ungefähr 90 Minuten darin garen lassen.

4 Den Kuchen etwas abkühlen lassen und vorsichtig stürzen. Noch weiter abkühlen lassen, damit er sich besser schneiden lässt. Den Kuchen anschließend quer in zwei Hälften schneiden.

5 Puderzucker und Frischkäse miteinander zu einem Frosting verrühren und ebenfalls mit Lebensmittelfarbe einfärben.

6 Etwas von dem Frosting auf der unteren Hälfte des Kuchens verteilen und die Schokolade darüberstreuen. Die obere Kuchenhälfte vorsichtig auflegen und etwas festdrücken, dann den gesamten Kuchen mit dem restlichen Frosting einstreichen. Mit Blaubeeren garnieren.

MANGO-ENERGYBALLS

16 Port. 10 Min. Leicht

Zutaten

80 g Cashewkerne
125 g Datteln
20 g Sesamkörner
30 g getrocknete Mango
1 Prise Vanilleextrakt
1 Prise Salz

Nährwerte p. P.

71 kcal
8 g Kohlenhydrate
3 g Fett
1 g Eiweiß

1 Die Datteln im Mixer zerkleinern. Cashewkerne dazugeben und noch einmal alles mixen. Salz und Vanilleextrakt unterrühren.

2 Die Mango so klein wie möglich schneiden und in die vermixte Masse kneten.

3 Feuchten Sie Ihre Hände an und formen Sie aus der Masse 16 Kugeln.

4 Wälzen Sie die Kugeln im Sesam und legen Sie die Energyballs zum Trocknen für zwei bis drei Minuten in den Reiskocher.

VANILLE-REIS-PUDDING

1 Port. 25 Min. Leicht

Zutaten

50 g Jasminreis
80 ml Wasser
200 ml Mandelmilch
½ TL Flohsamenschalen
1 TL Vanille-Proteinpulver
Vanilleextrakt nach Geschmack
Toppings nach Wahl

Nährwerte p. P.

294 kcal
44 g Kohlenhydrate
4 g Fett
18 g Eiweiß

1 Den Jasminreis waschen und mit dem Wasser im Reiskocher zubereiten.

2 Ist der Reis fertig, pürieren Sie ihn mit der Mandelmilch, dem Proteinpulver und dem Vanilleextrakt.

3 Die Flohsamenschalen unterrühren und auskühlen lassen. Mit Toppings Ihrer Wahl garnieren.

BANANENKUCHEN

12 Stk. | 1 Std. 50 Min. | Leicht

Zutaten

300 g Bananen
150 g Zucker
150 g Butter
1 Vanilleschote
4 Eier
½ TL Backpulver
½ TL Salz
½ TL Natron
210 g Mehl

Nährwerte p. P.

271 kcal
34 g Kohlenhydrate
13 g Fett
5 g Eiweiß

1 Die Bananen in einer großen Schüssel zerdrücken. Die Butter in einem kleinen Topf auf dem Herd schmelzen lassen und in einer neuen Schüssel mit der Vanilleschote, den Eiern und dem Zucker vermengen.

2 Mehl, Salz, Natron und Backpulver miteinander vermischen. Alle Zutaten in einer großen Schüssel verrühren und in den Reiskocher geben. Für zehn bis zwölf Minuten bei hoher Hitze kochen lassen. Dann die Temperatur herunterdrehen und für weitere 60 bis 90 Minuten backen lassen.

3 Abkühlen lassen und vorsichtig stürzen.

KÄSEKUCHEN

6 Port. | 1 Std. 45 Min. | Leicht

Zutaten

200 g Frischkäse
80 g Zucker
200 ml Schlagsahne
½ EL Zitronensaft
3 EL Mehl
1 Prise Salz
2 Eier
Butter zum Einfetten

Nährwerte p. P.

306 kcal
20 g Kohlenhydrate
22 g Fett
7 g Eiweiß

1 Frischkäse mit Zitronensaft und Schlagsahne verrühren. Eier nacheinander dazugeben und Mehl, Salz und Zucker unterheben.

2 Den Innentopf des Reiskochers einfetten und den Teig einfüllen.

3 Lassen Sie den Käsekuchen für 1,5 Stunden im Reiskocher backen. Sollte der Kuchen nach dem ersten Durchgang noch nicht fertig sein, den Reiskocher noch einmal anstellen.

4 Abkühlen lassen und vorsichtig stürzen.

APFELKUCHEN

12 Stk. | 30 Min. | Leicht

Zutaten

2 Äpfel
5 EL geschmolzene Butter
50 g Zucker
70 g Mehl
1 Prise Salz
1 TL Backpulver
3 EL Rohrzucker
2 Eier
Etwas Pflanzenöl

Nährwerte p. P.

106 kcal
15 g Kohlenhydrate
4 g Fett
1 g Eiweiß

1 Die Äpfel schälen und in dünne Scheiben schneiden. In einer Pfanne die Apfelscheiben mit zwei Esslöffeln Butter kurz garen lassen und dann mit dem Rohrzucker karamellisieren lassen.

2 Den Innentopf mit etwas Öl einfetten und den Boden mit den Apfelscheiben bedecken. Die übrigen Scheiben beiseitestellen.

3 Zucker, Backpulver, Salz und Mehl miteinander vermischen. Die Eier verquirlen und mit der übrigen Butter vermischen. Zusammen mit den trockenen Zutaten zu einem glatten Teig verarbeiten.

4 Den Teig über die Apfelscheiben geben und den Reiskocher einschalten. Ist der Kuchen nach dem ersten Durchgang noch nicht fertig, den Reiskocher wieder einschalten.

5 Abkühlen lassen und vorsichtig stürzen. Die restlichen Apfelscheiben darauf verteilen.

KHAO NIAOW MA MUANG

SÜSSER KLEBREIS MIT MANGO

4 Port. 30 Min. Leicht

Zutaten

2 EL halbierte und getrocknete Mungbohnen
250 ml Kokosmilch
200 g Klebreis
160 ml Wasser
100 g Zucker
2 reife Mangos
½ TL Maisstärke
Etwas Salz

Nährwerte p. P.

527 kcal
83 g Kohlenhydrate
16 g Fett
11 g Eiweiß

1 Die Mungbohnen in warmem Wasser quellen lassen. Den Klebreis gründlich waschen und mit 160 ml Wasser im Reiskocher zubereiten.

2 Währenddessen 125 ml Kokosmilch erwärmen und mit etwas Salz und 80 g Zucker verrühren. So lange rühren, bis Salz und Zucker sich aufgelöst haben.

3 Ist der Reis fertig, heben Sie die Kokosmilch-Mischung unter. Der Reis muss dabei noch heiß sein. Abgedeckt für eine Viertelstunde ruhen lassen.

4 Währenddessen die Stärke in einem Topf mit etwas Wasser zu einer Creme verdicken. Die übrige Kokosmilch dazugeben, salzen und alles gut vermischen.

5 Die Kokosmilch-Mischung erhitzen und dabei umrühren. Dickt die Soße langsam an, geben Sie den restlichen Zucker dazu und nehmen dann den Topf sofort vom Herd. Abkühlen lassen.

6 Die Mangos schälen und das Fruchtfleisch in Streifen schneiden. Die Mungbohnen abgießen und in einer Pfanne ohne Öl goldbraun rösten.

7 Reis mit der Mango und den Mungbohnen servieren.

APFELSTRUDEL-CRUMBLE

4 Port. | 40 Min. | Leicht

Zutaten

30 g Mandeln
1 Apfel
1 Banane
2 EL Apfelmus
160 g Reisflocken
160 ml Haferdrink
1 TL Dattelsirup
2 EL Mandelmus
3 TL Zimt
3 TL Chiasamen
2 TL Haferdrink
1 EL Wasser
1 Prise Salz

Nährwerte p. P.

441 kcal
68 g Kohlenhydrate
13 g Fett
11 g Eiweiß

1 Den Apfel waschen und in mundgerechte Stücke schneiden. Mit einem Esslöffel Wasser und einem Teelöffel Zimt in den Reiskocher geben. Für acht Minuten anbraten lassen. Ab und zu umrühren.

2 Währenddessen die Banane mit einer Gabel zerdrücken. Mandeln grob hacken. 160 ml Haferdrink, Reisflocken, zerdrückte Banane, Apfelmus, Mandeln und Chiasamen in einer Schüssel miteinander verrühren. Mit einer Prise Salz, dem restlichen Zimt und dem Dattelsirup vermengen.

3 Den Teig zu den Apfelstücken in den Reiskocher geben und für eine halbe Stunde backen lassen. Immer einmal wieder umrühren, damit Streusel entstehen.

4 Währenddessen die zwei Teelöffel Haferdrink mit dem Mandelmus verrühren.

5 Ist der Crumble fertig, mit der Mandelsoße garnieren.